흔들리지만 잘 키우고 싶습니다

흔들리지만 잘 키우고 싶습니다

정민경 지음

굿인포메이션

들어가는 글

엄마는 매일 바쁩니다. 온종일 아이와 한바탕 하고 나면 쉴 법도 한데 자려고 누워서는 다시 아이에 대한 정보를 검색합니다. 아이가 어렸을 때는 얼른 크기만을 바랐는데 사춘기를 앞두고는 시간이 천천히 흘렀으면 합니다. 목소리는 굵어지고 거뭇거뭇 수염이 나기 시작하면 이제 정말 '대한민국 학생'의 삶이 시작될 것만 같아서요.

엄마가 되고 나서야 부모의 무게감을 느끼게 되었습니다. 심장이 덜컥 내려앉기도 합니다. 저의 모든 것이 아이에게 영향을 주더라고요. 가치관, 태도, 말투가 아이에게 고스란히 스며드는 것을 보며 보다 나은 사람이 되어야 한다고 생각했습니다. 아이의 부족한 모습이

제 탓인 것만 같습니다. 더 나은 환경을 만들어 주지 못해 미안하기도 합니다. 그래서 버겁게 느껴지기도 합니다. 하지만 아이를 교육하는 일을 미룰 수 없습니다. 피할 수도 없고요. 잘 키우고 싶어 책을 읽고 강의를 들어 봅니다. 내 아이에게만큼은 능력 닿는 만큼 지원해 주고 싶어 욕심도 부려 봅니다. 그러다 그만 엄마의 열정에 아이가 데어버리는 일이 일어나기도 하지요.

아이를 잘 키우고 있는 건지 불안합니다. 다시 되돌릴 수 없기에 신중해집니다. 그런 마음을 어찌 알았는지, 누군가가 확실한 로드맵이라며 안내해 주면 한 줄기 빛을 만난 듯 마음 놓이기도 합니다. 불안 속에서는 함께이고 싶습니다. 수소문 끝에 친구들과 같은 문제집을 풀고 같은 학원을 다닙니다. 서로 의지합니다. 그러다 시간이 흐르면서 비교되는 상황이 발생하면 또 다른 불안이 생겨납니다. 더 좋은 비법이 있는지 궁금해집니다. 아이가 잘하고 있는지 자꾸 확인받고 싶습니다. 온탕과 냉탕을 오가는 엄마 마음만 타들어 가지요. 문득 우린 무얼 위해서 이런 불안 속에 아이를 키우고 있는 건지 궁금해집니다.

가랑비에 옷 젖는 줄 모르게 일상은 시나브로, 그러나 빠르게 변하고 있습니다. 몇 년 전만 해도 상상하지 못했던 생성 인공지능 도구를 이제 일상에서 아무렇지도 않게 사용하고 있고 디지털 네이티브인 아이들은 꽤나 복잡해 보이는 프로그램을 몇 번 해 보고 금방 해냅니다. 산업의 급격한 변화가 일상, 경제, 그리고 사회가 바라는 인재

상까지 흔들어 놓고 있습니다. 전례 없는 세상에 놓인 것이지요. 하루가 다르게 변하는 흐름 속에서 아이들이 어떤 역량을 갖춰야 할지 막막해집니다. 공식화된 로드맵이 없으니 더 두렵습니다. 변화에 적응하지 못하면 도태되는 자연의 이치처럼, 우리도 섭리에 예외일 수 없다는 사실도 분명해 보입니다.

미래를 위해 지금부터 알고 준비해야 합니다. 미래 교육은 미래에 하는 교육이 아니라 미래를 준비하기 위한 지금의 교육이니까요. 과거의 방식을 답습하는 데 그치지 말고, 아이들이 품은 가능성을 펼칠 수 있도록 변화에 걸맞은 교육을 실천해야 할 때가 되었습니다.

부모 공부가 필요한 시대입니다. 정형화된 틀에 맞춘 인재를 길러냈던 과거 방식에 머물러 있어서는 안 될 거예요. 이는 아이의 경쟁력을 누르는 일이 될 테니까요. 아이 특성을 알아채고 창의성을 이끄는 일이 중요해졌습니다. 무엇으로도 대체할 수 없는 사람이 되는 일이 중요해진 만큼, 가정에서 부모 역할이 더욱 커졌습니다. 남과 다른 나만의 삶을 설계하고 살아가는 태도는 이제 필수가 되었습니다. 스무 살에 갖춘 능력만으로 평생 먹고살기 힘들어진 시대. 어떤 사람으로 키워야 할까요? 유연하게 사고하고, 창의적 시나리오를 펼칠 수 있는 사람이 되어야 할 것입니다. 배움에 적극적이어야 할 테고요. 이런 태도를 가진다면 파도타기를 즐기는 서퍼들처럼 세상의 흐름에 올라타 즐길 수 있을 것입니다.

인공지능을 필두로 한 기술의 발전으로 직업의 변화도 급격히 생기고 있습니다. 매뉴얼대로 처리하는 일, 판단 근거에 맞춰 처리하는 일은 빠른 속도로 사라지고 있습니다. 얼마 전 기사에서는 세계적인 IT 기업에서도 중간 관리자 대부분을 해고한다고 하더라고요. 이제 차별화되어야 합니다. 나만의 스토리를 써나가는 용기가 필요한 때인 것이지요. 다름이 당연한 시대, 버팀목이 없어도 쓰러지지 않도록 뿌리를 내리고 중심을 잡아야 할 때입니다.

아이들이 어떤 삶을 살길 바라나요? 청소년 이전까지는 삶의 기본을 결정하는 시기입니다. 다시는 돌아오지 않을 이 황금 시간을 어떤 이야기로 채워나갈지 여러분과 함께 고민해 보고 싶어요. 아이들은 습자지와 같아서 무엇이든 놀라울 정도로 빠르게 흡수해 버리는데요, 그만큼 똑같이 주어지는 시간을 어떻게 채우는지가 너무나도 중요할 거예요. 무엇을 배우고, 어떤 삶의 태도를 가지게 할 것인지, 동시대를 살아갈 아이들을 기르는 부모로서 함께 생각을 나누어 보고 싶습니다.

이 책은 유명한 교육자가 쓴 특별한 이야기도 비밀스런 교육 비법이 숨겨진 책도 아니고요, 평범한 엄마가 교육에 대해 고민하고 겪은 시행착오들과 지금도 해나가고 있는 현재진행형 이야기입니다. 함께 고민을 나눌 수 있다면 그것만으로도 충분하다는 마음입니다. 나아가는 방향도 다르고 스토리도 각양각색일 테지만, 흔들리지 않는 마음으로 함께 미래를 맞이하는 교육을 해봐요. 이 책이 자그마한 생각거리를 던져줄 수 있길 바라는 마음으로 이야기를 시작해 봅니다.

차례

들어가는 글 _ 4

제 1 장
중등교사도 엄마는 처음이라

1. 낯선 이름, 엄마 _ 15
2. 작아도 괜찮아 _ 20
3. 엄마는 안전 로프 _ 25
4. 중심이 전부가 되지 않게 _ 29
5. 평범함이 주는 기적 _ 33

제 2 장

길을 찾아 헤매다

1. 흔들리지 않는 선택 _ 41

2. 우리만의 편집숍 _ 47

3. 비교 없는 성장 _ 53

4. 스스로 탈피하다 _ 59

5. 해낼 수 있어 _ 65

6. 불안을 넘어서 _ 70

7. 보이는 게 전부가 아니야 _ 76

8. 함께 자라다 _ 80

제 3 장

엄마의 성장, 아이의 가능성을 열다

1. 독서 : 읽음으로 피어나다 _ 87

2. 개별 특성 : 나만의 데이터 센터 _ 93

3. 마음 : 문을 열다 _ 99

4. 변화 수용 : ChatGPT 나도 써보자 _ 104

5. 질문 : 함께 묻고 꿈꾸다 _ 110

6. 자신감 : 작은 성공, 나를 믿는 힘 _ 114

7. 기다림 : 쉬어가도 괜찮아 _ 119

8. 감사 : 하루를 바꾸는 마음 _ 124

9. 믿음 : 결국 해낼 거야 _ 128

제 4 장

함께 성장하는 시간

1. 독서 : 책과 함께 자라는 아이 _ 135

2. 개별 특성 : 관찰이 만드는 맞춤형 교육 _ 140

3. 표현 : 나만의 방식으로 _ 145

4. 경험 : 엉뚱한 짓, 성장의 밑거름 _ 149

5. 생각 : 심심함이 만드는 상상 _ 154

6. 창의성 : 집콕 놀이로 자란다 _ 159

7. 질문 : 생각을 키우고 미래를 만든다 _ 165

8. 과정 : 작은 성취가 큰 성장으로 _ 171

9. 빠르기 : 자기 속도로 달릴 때 진짜 성장한다 _ 176

10. 인성 : 사람다움도 실력이다 _ 182

11. 자기주도 : 리드하는 삶 _ 187

제 5 장

흔들림 속에서도 단단하게 나아간다

1. 엄마는 다정한 안내자 _ 193
2. 우리만의 답을 찾는 용기 _ 197
3. 알면 사랑한다 _ 201
4. 잘 키울 자신감 _ 206
5. 엄마의 삶도 반짝이길 _ 212
6. 함께 배우고 함께 자란다 _ 217
7. 넓은 세상으로 날아오를 우리 _ 221

마치는 글 _ 226

제1장

중등교사도 엄마는 처음이라

한동안은 누구 어머니로 불리는 게 어색했어요.
어울리지 않는 옷을 입은 듯했지요.
한 생명의 보호자로서 의무와 책임이 담긴 말이었습니다.

1

낯선 이름, 엄마

두 아이의 엄마가 되었습니다. 한동안은 누구 어머니로 불리는 게 어색했어요. 어울리지 않는 옷을 입은 듯했지요. 어머니란 그 흔한 단어가 막상 제게 오니 단순 호칭이 아니더군요. 한 생명의 보호자로서 의무와 책임이 담긴 말이었습니다. 스물일곱, 그렇게 엄마가 되었습니다. 열 달 품은 아이가 세상에 나와 안겼을 때를 기억해요. 곧 엄마가 된다는 걸 머리로는 알고 있었지만, 막상 품에 아이를 안으니 신기했습니다. 아무것도 모른 채 꼬물거리는 아이를 보고 있으니 막연한 두려움과 긴장 그리고 근거 없는 자신감이 한데 섞여 소용돌이쳤습니다. 오로지 저에게 의지하며 자라날 아이를 바라보니 마음이 묵직해졌습니다. 잘 키워보겠다고 다짐했습니다. 엄마로서의 삶은 그렇게 시작되었습니다.

이후 시간이 어떻게 지나갔는지 모르겠습니다. 잠은 부족했고 몸은 바빴습니다. 아는 이 하나 없는 곳에서 좌충우돌 엄마 생활은 시작되었죠. 집과 마트, 병원만 다녀도 하루가 훌쩍 지나갔습니다. 세상이 어떻게 돌아가든 중요하지 않았습니다. 아이를 재우고 씻기고 먹이고 놀아주는 것만으로도 시간은 정신없이 흘러갔으니까요. 한창 손이 많이 갈 세 살, 한 살. 남편은 유독 일이 바빴고 출장과 야근이 잦았습니다. 서로 대화할 시간이 없으니 예민해졌습니다. 저는 저대로 왜 나만 이러고 있어야 하나 억울한 생각이 들었고, 남편도 일 마치고 와서도 알아주는 이 없으니 서운했을 것 같습니다. 서로 받아줄 여유는 없고 각자 힘들었던 일을 쏟아내기 바빴습니다. 몇 시간째 잠들지 않는 아이를 안고 엉엉 울었습니다. 출구 없는 동굴 속에 갇힌 듯했습니다.

성장통을 겪으면서 엄마로서 조금씩 성장했습니다. 비가 오는 날엔 한 명은 안고 한 명은 유모차에 태워 한 손엔 우산을 다른 손으론 유모차를 끄는 기술까지 선보일 수 있게 되었네요. 나날이 할 수 있는 일이 많아졌어요. 힘도 세진 것 같아요. 간혹 안쓰럽게 바라보는 시선을 느꼈지만 마음 두지 않았어요. 남 눈치 보던 저였지만 엄마가 되고 나서는 그럴 여유도 없어졌습니다. 하루 무사히 살아내는 것만이 중요했습니다.

첫째 아이가 어느덧 초등학교 고학년을 바라봅니다. 이제 아이는 엄마보다 친구와 노는 시간을 더 기다려요. 이러다 곧 사춘기 소년이 되겠죠. 이제야 엄마의 역할을 잘할 수 있을 것 같은데 왜 이리 쑥 커버리는 건지 아쉽기도 해요. 흐르는 시간을 붙잡고 싶어 아이를 꽉 끌어안아 봅니다.

십여 년 고군분투하며 변함없이 그리는 단 한 가지가 있습니다. 스스로 삶을 꾸려가며 행복을 느끼는 어른이 된 아이의 모습입니다. 그런 사람으로 이끌어 주는 일이 엄마로서의 유일한 소명이라는 생각이 듭니다. 잘 해내고 싶어 오늘도 힘내봅니다. 어제보다 나은 하루 보내려 노력해 봅니다. 고민하고 또 고민하는 날들이지만 이 과정이 즐겁습니다. 조금씩 성장하는 아이들을 볼 때면 흐뭇하고요, 아이 말 한마디에 웃을 일도 많습니다. 이제 제법 기분 좋은 말도 해주더라고요. 이 맛에 엄마 하나 봅니다. 눈치 없는 아들이지만 불쑥 배려해 줄 때면 감동 받기도 하고요. 아이들과 함께여서 저도 행복한 사람이 되어가는 중입니다.

자연스레 아이들이 우선순위가 되었습니다. 저는 시들한 야채를 먹더라도 아이들 앞엔 신선한 샐러드를 놓아줍니다. 핸드폰을 들여다보고 싶지만 멀리 둡니다. 대신 아이들과 한 마디 더 나누는 것이 좋으니까요. 사소하지만 엄마로서 소명을 다하기 위한 노력들을 해봅니다.

빠르게 달라지는 세상 속에서 어떤 아이로 키워야 할지 알고 싶어요. 꼭 맞는 교육 정보가 있나 물색해 봐요. 중요한 타이밍을 놓치고 있진 않은지 궁금해 책과 SNS 기웃거려 보기도 합니다. 하지만 정답은 찾지 못했어요. 답답한 마음이 들기도 하지만 생각을 바꾸니 기대됩니다. 나만의 답을 만들어 가면 되는 거니까요. 덕분에 아이를 더 세심하게 들여다볼 수 있고요.

아이는 때가 되면 뒤집고, 기고, 일어섰습니다. 기우뚱거리다 마침내 한 걸음 내디뎠을 때는 마치 모든 것을 이룬 듯했습니다. 그렇게 아이는 더 높고 넓은 세상을 만날 준비가 되었습니다. 같은 날 태어났는데 먼저 걷는 아이를 보면서 신기해했던 기억이 납니다. 우리 아이는 언제 걸을까 걱정되는 마음도 들었고요. 제가 할 수 있는 거라곤 기다리는 것뿐이었고, 기다리니 결국엔 해냈습니다. 언제 걸을까 노심초사했던 날들이 부끄러울 정도로 그 누구보다 신나게 뛰어놀아요. 친구들과 축구도 하고 춤도 추고, 수영도 해요. 누가 먼저 걸음마를 시작했는지 중요하지 않았습니다. 아무런 문제가 되지 않으니까요. 앞으로 '누가 먼저'에 일희일비하지 않는 마음으로 아이들을 키워야겠습니다.

"나는 엄마를 왜 끝도 없이 사랑할까?"라고 말하는 아이를 기똥차게 키울 준비가 되었습니다. 아프고 힘들더라도 아이들이 있어 벌떡 일어날 수 있습니다. 힘들어도 웃음 지을 수 있습니다. 웃다 보니 다시 행복해집니다. 부족한 엄마지만 용기를 내 볼 수 있는 것도 아이들 덕분입니다.

엄마가 되어 많은 걸 잃어버렸다 생각했습니다. 그런데 아니었어요. 아이가 행복하길 바라는 마음은 오히려 저를 행복하게 만들어 주었거든요. 엄마가 되길 잘했습니다.

2

작아도 괜찮아

아이는 또래보다 키가 작습니다. 친구들보다 머리 하나만큼 작아요. 신호등 앞에서 마주친 한 친구가 저희 앞으로 다가왔습니다. 그러고는 마주 보고 바짝 다가섭니다. 아래로 눈을 내리깔며 손바닥으로 아이 머리를 꾹 누르며 큰 소리로 말해요.

“너 이만큼밖에 안 오네. 내가 너보다 더 크지롱.”

처음엔 그러려니 했습니다. 아직 1학년이니까요. 속으론 화가 났지만 애써 눌렀습니다. 어른답게 이해하고 싶었죠. 그런데 하루 이틀이 아니더군요. 제가 옆에 서 있어도 아랑곳하지 않았어요. 마음이 복잡해지고 속이 끓었습니다.

1학년 2학기에 저는 복직해야 했습니다. 아이가 엄마 퇴근 시간까지 스스로 보낼 수 있도록 준비시켜 놓아야 했지요. 복직 두어 달 전부터 연습을 시작했습니다. 혼자 학교 갔다 오기, 알람 울리면 학원 셔틀버스 타러 가기, 간식 챙겨 먹기 등 시간표를 짰죠.

그럼에도 걱정거리는 늘어만 갔습니다. 학교에 적응하기 힘들어하고 있었거든요. 어딜 가나 잘 적응했던 아이였기에 전혀 생각지도 못한 예상 밖의 일이었죠. 아이는 밤마다 대성통곡했습니다. 학교 가면 제가 너무 보고 싶다는 거예요. 교실 창문을 바라보면 분홍색 배경 앞에서 두 팔 벌려 자기를 안아주려 서 있는 제 모습이 그려진다고 했습니다. 처음엔 그저 귀여웠어요. 엄마를 이렇게 생각해 주나 싶어 기특하기도 했고요. 그런데 점점 심각해지더라고요. 자정이 지나 잠들고 아침에 눈 뜨면 다시 울기 시작했어요. 겨우 학교로 떠밀려 간 아이는 머리가 아프다며 보건실에 누워 있기 일쑤였고요. 이런 아이를 두고 복직을 해야 하다니 막막했습니다. 왜 우리 아이만 유독 예민하게 구는 걸까요. 마음은 급한데 변하는 게 없었습니다.

무엇 때문일까? 스트레스가 있는 걸까? 학교에서 무슨 일이 있나? 생각이 많아졌습니다. 단서를 얻을 수 있을까 싶어 상담도 받아 보았지만 뚜렷한 이유를 찾을 수 없었습니다. 어디서부터, 어떻게 해야 하는 건지 알 수 없었습니다.

지푸라기라도 잡는 심정으로 일어나면 "굿모닝" 하며 온몸이 으스러질 정도로 꽉 안아주었습니다. 간절한 마음을 담아 구호를 만들어

보기도 했습니다. 아이와 함께 "나 ○○○은 할 수 있다! 할 수 있다! 할 수 있다!" 두 주먹 불끈 쥐고 외쳤습니다. 속은 타들어 갔지만, 엄마의 응원이 아이 가슴 깊이 닿는 상상을 하며 더 크게 외쳤습니다.

그렇게 반복하길 몇 달, 억지로 울며 따라 하던 아이는 어느새 혼자 씩씩하게 말할 수 있게 되었습니다. 말의 힘이 대단하더라고요. '할 수 있다' 말하니 정말 해내게 되었습니다. 흔들리지 않고 꾸준히 믿음을 주려 했던 노력이 빛을 발하는 순간이었습니다. 이제 아이는 그때 일을 웃으며 말합니다. 놀랍게도 주말에는 월요일을 기다리기까지 합니다. 얼른 학교 가고 싶대요. 너무 재밌고 좋대요. 아이는 거짓말처럼 쑥 자라났고 제법 든든해졌습니다. 저도 한층 단단해졌고요.

일을 하면서도 아이 걱정은 늘 떠나지 않았습니다. 다른 데 정신 팔려 학원에 늦은 건 아닐까? 간식은 챙겨 먹었나? 날이 추운데 점퍼는 두꺼운 걸로 입었을까? 요즘 눈을 자꾸 깜빡이던데 틱이 아닐까? 아이의 부재중 전화가 찍혀 있을 때마다 심장이 덜컥 내려앉았습니다. 크고 작은 사건 사고는 두더지 잡기처럼 여기저기서 끝없이 튀어나왔습니다. 아슬아슬한 줄타기를 하는 기분이었습니다. 유독 손이 많이 가는 아이인 건지, 제가 잘못 키우고 있는 건지 따져 볼 겨를도 없이 떠밀려 갔습니다.

결론적으로는 힘들고 막막해도 해결되지 않은 문제는 없었습니다. 매 순간 최선을 다하다 보니 그 또한 지나가더라고요. 아이는 생각만큼 연약하지 않다는 것, 믿음이 있으면 해낸다는 걸 알게 되었습니다. 부족한 점이 많은 엄마여도, 아이와 함께 부딪혀 가며 배우고 헤쳐 나가다 보니 조금씩 성숙해 가는 저를 발견하게 되었습니다. 키 작다고 얕잡아보는 친구에게 어떻게 말해야 할지, 본인을 힘들게 만드는 생각을 어떻게 다룰지 아이와 함께 고민했던 시간은 저를 단단하게 만들어 주었다 생각합니다. 한 고비를 넘길 때마다 아이와 저는 한 뼘 자라났습니다.

아이를 키우며 저의 어린 시절을 떠올려요. 친정엄마는 일과 육아를 하시면서도 저에게 힘든 내색 하신 적 없었습니다. 한숨 쉬거나 잔소리하지도 않으셨고요. 그저 제게는 늘 예쁜 엄마였습니다. 고등학생 때 도시락을 싸 다녔어요. 급식이 있었지만 이것도 추억이라며 친구들과 웰빙 식단으로 싸오자 약속까지 해가면서 챙겨 다녔어요. 제가 도시락 싸는 것도 아닌데 말이에요. 엄마가 되고 나서 알았죠. 새벽부터 도시락 마련하는 일이 얼마나 성가신 일이라는걸요. 전 매일 어린이집 식판 씻는 것도 귀찮았거든요. 엄마에게 고맙다는 표현은 커녕 반찬 투정했던 제가 부끄러워집니다.

아빠는 숯불에 고기를 구워주시곤 했습니다. 바닥에 신문지를 깔고 불을 피우며 갖은 정성을 다하셨어요. 흰 러닝셔츠 입고, 목장갑 끼고, 집게를 든 채 땀 닦으시던 모습이 기억나요. 상추에 따뜻한 밥 한 숟갈과 고기를 올리고, 짜지도 부족하지도 않을 만큼의 쌈장을 살짝 곁들여서 직접 입에 넣어주셨는데 그때의 아빠 냄새와 온기를 잊지 못합니다. 여름엔 계곡에서 수박 먹고, 겨울에는 '씽씽호' 썰매를 함께 만들었던 기억은 지금도 생생합니다. 주말에 시간 내어 아이들과 함께하는 일이 얼마나 마음이 담긴 일인지 부모가 되고 나서야 알았습니다.

엄마가 되고 나서 엄마의 시선이 생겼습니다. 좀 더 괜찮은 부모가 되기 위해 노력해 봅니다. 매일 크고 작은 고민들이 생겨나지만 헤쳐갈 수 있다는 마음을 가져 봐요. 완벽하지 않으셨어도 저에게는 세상에 단 하나뿐인 사랑을 주신 부모님처럼, 저도 그런 엄마가 되고 싶어요. 실수가 있어도 괜찮다 다독여 보고요. 처음부터 잘해 내는 사람은 없을 테니까요. 그저 아이들에게 어제보다 나은 엄마가 되어 보려 합니다. 용기 내 보기도 하고 새로운 공부에도 도전하면서요. 그렇게 저는 엄마가 되고 나서 또 다른 세상을 배워갑니다.

3

엄마는 안전 로프

아이가 해냈을 때 엄마는 세상 뿌듯합니다. 아이들과 직업 체험을 하러 갔을 때 일입니다. 클라이밍을 하는 곳이 있더라고요. 어디든 오르고 기고 뛰어넘는 것을 좋아하는 아이는 한참 동안 눈을 떼지 못했습니다. 도전하는 친구들은 스파이더맨이 된 것처럼 설치된 건물의 문틀과 창문, 난간을 밟고 올라갔습니다. 꼭대기에 올라 종을 힘차게 울리면 여기저기서 환호성이 터져 나왔습니다. 그 모습이 멋있어 보였나 봐요. 자기도 도전해 보겠대요. 강사가 안전모와 안전 로프를 채워주었습니다. 실수로 발을 헛디디더라도 다치지 않게요. 평소 안전만큼은 꼼꼼히 챙기는 아이라 두 번 세 번 확인하더라고요. 확인이 끝나자 두 손을 뻗어 벽을 잡고 오를 준비를 했습니다.

안전 로프는 큰 힘이 되어주었습니다. 사실 저는 아이가 해낼 줄 몰랐거든요. 높은 곳을 무서워하는 데다 저희 아이보다 덩치 큰 형이 포기하는 걸 봤으니까요. 그저 최선을 다해 주기만 바랐습니다. 그런데 아이는 생각보다 오래 집중했어요. 디딜 곳을 천천히 찾고 한참을 머무르기도 한 뒤, 한 발씩 올라갔습니다. 한 걸음씩 내딛더니 마침내 종이 울려요. 메아리가 되어 퍼지는 종소리 여운 속에 미소 짓는 아이 모습은 지금도 제 머릿속에 영화의 한 장면처럼 남아 있습니다.

안전 로프 같은 엄마가 되고 싶다는 생각이 들었습니다. 존재 자체로 믿고 나아갈 힘을 준다는 건 굉장한 일인 것 같거든요. 새로운 시도를 하고 설령 발을 헛디뎌도 괜찮다는 믿음을 가질 수 있도록 아이들의 안전 로프가 되고 싶습니다.

그동안 책임감 있는 사람이어야 한다고 스스로 틀에 가두었어요. 저를 더 힘들게 만들었죠. 아이는 독립된 존재이지만 아직은 돌봄이 필요한 때이기에 부모가 책임지고 보살펴 줘야 한다는 생각에 갇혀 있었습니다. 주변에서 지금쯤 뭘 배워야 하지 않니, 이걸 신경 써줘야 하는 거 아니니 하는 말을 들을 때면 숨이 막혔죠. 아이의 부족한 점이 마치 제가 부족해서 그런 것 같았으니까요.

'엄마니까 당연한 거 아니야?'라는 말속의 당연함은 어떠한 변명도 용납하지 않게 만드는 무서운 것이었습니다. 빈틈없이 해내려다 보니 완벽한 엄마가 되어야 한다는 강박만 심해졌습니다. 작은 실패에도 스트레스를 받았습니다. 기다려 줄 수 있는 여유는 사라지고요. 아이의 영역에 제가 침범하는 건 아닐까 두려우면서도 자꾸만 들여다보는 저를 발견했죠. 과도한 책임감이 독이 되고 있었습니다. 스스로에게 화살을 쏘고 있는 것이나 다름없었지요. 아이가 바닥에 머리를 부딪혀 어지럽다고 전화가 왔을 때 당장 달려가지 못하는 것도, 감기가 계속 떨어지지 않아 항생제를 달고 사는 것도, 제 탓인 것만 같았습니다. 아이에게 조심히 놀라고 신신당부했어야 했는데 귀찮아도 마스크를 씌웠어야 했는데 하면서요. 완벽하고 싶은 마음에 자꾸 구멍이 생겼고 역할이 버겁게 느껴졌습니다.

그러다 이 안전 로프가 생각난 거예요. 이대로는 안 되겠더라고요. 누르는 무게를 이겨내야 했어요. 비장한 책임감으로 아이를 꼭대기까지 끌고 가지 않아도 되는 거였어요. 미끄러지고 다시 내딛고, 내려왔다 다른 쪽으로 시도해 보는 몫은 아이가 하도록 내버려 두면 되더라고요. 믿음으로 응원하고 힘들 때는 편하게 기댈 수 있는 엄마가 되고 싶어요. 일어설 수 있게 지지해 주고 존재만으로도 힘이 되어주며, 넘어져도 다시 나아갈 용기를 주는 안전 로프가 되고 싶습니다.

주말 내 실컷 놀다 양치하고 자려는데 아이가 다급하게 말해요. 선생님이 그림일기를 내일까지 써오라고 했는데 시간이 없다면서요. 선생님 말을 제일 중요하게 생각하는 아이는 걱정이 태산입니다. 같이 붙잡고 색칠하거나 하다못해 색연필을 건네줄 수도 있었겠지만 그러지 않기로 했습니다. 대신 이 순간 최선을 다해보고 그럼에도 부족했다면 다음엔 조금 더 시간을 들여 정성스레 써보면 된다고 말해 주었습니다. 아이에게 이렇게 말하고 보니 저 스스로에게도 해주고 싶은 말이었습니다. 완벽하지 않아도 괜찮다고, 엄마 노릇 못했다고 다그치지도 않을 거라고요.

아이에게 《아낌없이 주는 나무》를 읽어 준 적이 있습니다. 읽으면서 그 나무가 되는 상상을 해 보았습니다. 사랑하는 아이가 잎사귀로 왕관을 만들어 놀고 저의 어깨에 올라타서 멀리 있는 세상을 보면 얼마나 좋을까요. 때론 쉼터가 되어주고 잘 익은 열매를 내어주기도 하고요. 그렇게 함께 행복 나누며 무한 응원해 주는 저를 그려봅니다.

아이들의 여정에는 수많은 도전들이 기다립니다. 도전하고 위기를 스스로 극복해 나갈 수 있는 힘을 주고 싶어요. 자신감을 가지고 손을 뻗을 수 있는 용기를 주고 싶어요. 이것이 제가 안전 로프 같은 엄마가 되고자 하는 이유입니다. 세상을 자신 있게 마주할 수 있도록요. 엄마의 존재만으로도 아이들에게 안정된 마음과 용기를 줄 수 있길 바랍니다.

4

중심이 전부가 되지 않게

엄마가 된 후 생활은 아이 위주로 돌아갑니다. 매운 음식을 좋아하는데요, 아이들이 웬만큼 클 때까지는 매운 메뉴를 고를 수 없었습니다. 취향대로 집을 꾸밀 수도 없었고요. 아이들이 원하는 장난감, 옷들은 왜 모두 쨍하고 선명한 무지개색인가요. 온 집안이 원색으로 도배가 됐어요. '카페'는 '키즈 카페', '친구'는 '아이 친구'를 가리키는 말이 되어 버렸죠.

그러다 아이가 자라나면서 할 수 있는 것이 많아집니다. 매운 떡볶이도 먹을 수 있고 어설프지만 집 정리도 함께합니다. 유치원만 가면, 초등학교만 가면, 조금만 더 크면 편해질 거란 막연한 기대는 현실이 되어가고 있어요. 혼자서 몇 시간쯤은 거뜬히 지낼 수 있고 무인 가게에서 계산도 척척 할 수 있게 되었죠. 그렇게 되니 저도 여유를 부려볼 욕심이 납니다. 단 십 분이지만 누워 팩도 해보고 혼자만의 시간도 가져 봅니다. 보고 싶었던 영화를 보러 가기도 하고요. 그런데 이상하게도 마음은 늘 아이를 향하더라고요. 편안히 누워 있다가도 아이가 급하게 부르면 용수철처럼 튀어가고요. 집 분위기를 바꿔볼까 싶어 산 모던한 디자인의 노란 의자는 아이 물건들에 밀려 보이지 않는 구석으로 밀려났습니다. 여전히 제 중심엔 아이들이 있습니다. 중심이 전부가 되곤 했습니다. 그러지 말아야지 하면서도 쉽게 그렇게 되었습니다. 온 신경이 아이들에게 쏠려 있었죠.

그러다 어느 날 아침, 달걀 프라이를 하다 이런 생각이 드는 거예요. 노른자를 감싸는 막과 같은 경계가 나에게도 필요하겠다고요. 노른자와 흰자 사이에는 얇은 막이 있어요. 투명해서 보이지 않지만, 분명히 있죠. 노른자 주변을 유연하게 감싸면서 주변과 섞이지 않게 해줘요. 덕분에 신선하게 유지되지요. 만약 막이 없다면 중심은 흩어져 보호받지 못할 거예요. 노른자와 흰자의 경계가 사라지면 불안해집니다. 균형이 무너지고 작은 충격에도 쉽게 손상되고요. 엄마가 되었으니 중심에 아이들이 있을 수밖에 없다는 걸 인정합니다. 그러나 구분 지을 수 있는 경계가 있다면 중심이 전부가 되지 않을 수 있죠. 달걀을 깨트렸는데 노른자가 힘없이 풀어져 있으면 그건 건강하지 않은 거잖아요. 그렇듯 아이는 아이대로, 저는 저대로, 그러나 중심은 온전하면서도 유연하게 움직일 수 있으면 얼마나 좋을까요. 얇지만 강력한 이 막처럼 경계를 만드는 것이 중요하다는 생각을 해봅니다. 그렇게 되면 아이를 보호하면서도 안정감 있게 지낼 수 있지 않을까요.

아이들과 젠가 게임을 자주 했습니다. 나무토막을 겹겹이 쌓아 올린 상태에서 무너지지 않도록 하나씩 빼내는 게임인데요, 고도의 집중력과 대담한 결단력이 필요한 놀이에요. 처음에는 아이들이 찬찬히 살피지 않고 눈앞에 있는 걸 휙 빼버리더라고요. 금방 쓰러졌어요. 다시 쌓는 게 귀찮으니 금방 질려하고요. "힘 조절이 미숙해서 그래" 하며 쓰러지면 쌓아주곤 했습니다. 그러길 여러 번, 저도 지치더라고요. 한 게임을 오래 버텨보자 싶어 아이들에게 엄마가 아래쪽에 깔린 토막을 뺄 테니, 너희들은 부드럽게 잘 밀리는 걸 고르라고 했어요. 아이 중심으로 놀이를 한 거죠. 그러다 생각이 달라졌습니다. 봐주는 것 없어요. 정정당당하게 승부해요. 오히려 제가 배려받기도 하고요. 제가 무너뜨린 균형을 아이들이 반대쪽 토막을 빼서 맞춰줘요. 서로 밀고 끌어주는, 때로는 의지가 되어주는 그런 사이로 바뀌고 있습니다.

시간이 지날수록 아이와 저 사이 균형점이 생기고 있어요. 투명한 막이 만들어져요. 꽉 막혀있는 벽이 아니라요, 경계 짓되 끊임없이 상호작용하는 그런 막이요. 덕분에 중심의 아이들이 저의 모든 걸 차지하지 않아요. 건강한 거리두기를 하는 중이랍니다.

하루는 외식을 하기로 했습니다. 아이가 치킨을 먹자고 했어요. 그런데 전 튀긴 음식을 먹고 싶지 않더라고요. 예전 같으면 그냥 아이들이 먹고 싶은 걸로 그냥 먹었을 거예요. 그런데 이번엔 제 목소리를 슬며시 내봤어요.

"엄마는 초밥이 먹고 싶은데, 어쩌지?" 물었습니다.

"오늘은 초밥 먹지 뭐!" 아이가 화끈하게 양보해 주네요.

부모가 되는 게 어렵게 느껴집니다. 밀고 당기기의 연속이에요. SNS를 보고 있노라면 아이에게 해주고 싶은 게 너무 많아요. 중심이 무거워져만 갑니다. 적어도 아이가 성인이 될 때까진 저의 가운데 자리 잡고 있을 거예요. 어쩌면 평생이 될지도 모르고요. 그러나 중심이 전부가 되지 않게 하려 합니다.

우리 가족이 '사과'라면, 아이들은 한가운데 있는 씨앗이고 저와 남편은 주변을 감싸는 과육이라는 생각을 해요. 달콤한 사과 살이 자그마한 씨를 품고 있는 모습입니다. 아삭하고 맛있는 사과는 씨를 지켜주는 보호대이자 충분한 영양을 주는 젖줄이기도 해요. 보살펴 주고 키워주며 때가 되면 적절한 곳에서 싹을 틔울 수 있게 해주는 그런 사이. 우리 가족과 꽤 닮은 것 같아요. 저와 남편, 아이들 모두 각자의 자리에서 역할을 할 수 있으면 좋겠습니다. 지나치게 아이 쪽으로도, 부모 쪽으로도 쏠리지 않게 중심을 잘 잡고요.

5

평범함이 주는 기적

"네? 또 가와사키라고요?"

둘째 아이가 네 살일 때 일입니다. 입술과 볼이 유난히 빨갛더라고요. 이마를 만져보니 불덩이입니다. 체온을 재보니 39도가 훌쩍 넘었습니다. 해열제를 얼른 먹였죠. 그런데 아무리 시간이 지나도 열이 떨어지지 않았습니다. 보통은 약 효과가 나타날 시간인데, 불안했어요. 연세가 지긋하신 의사 선생님이 운영하시는 병원으로 달려갔습니다. 작년에도 여기에서 아이 병을 알아봐 주셨거든요. '혹시나'가 '역시나'네요. 이번에도 가와사키인 것 같다고 하십니다. 써주신 소견서를 들고 대학병원으로 달려갔습니다.

가와사키병은 원인을 알 수 없는 급성 열성 혈관염입니다. 치명률이 높은 병은 아니지만 이후 심장이나 관상동맥에 합병증이 생길 수도 있다고 하니 괜히 겁이 납니다. 0.2%의 확률로 나타난다는 병이 왜 하필 우리 아이에게 나타난 건지, 거기에 재발률은 3%밖에 되지 않는다는데 왜 하필 그 확률에 걸려든 건지 하늘이 원망스럽기만 했어요. 그렇게 같은 병으로 두 번의 입원과 치료를 했습니다.

또 이런 일도 있었어요. 아이가 제 곁을 떠나버리면 어쩌지 하는 생각으로 몇 날 며칠을 밤새운 적이 있습니다. '감기가 잘 낫질 않네'라고만 생각했어요. 코로나일지도 모르겠단 혼자만의 추측도 했었죠. 기침이 계속되고 목 안이 부어있었습니다. 열이 올랐다 내렸다 했고 종일 피곤해하긴 했지만 일상생활에 지장이 있지는 않았습니다. 그날도 처방받은 약이 떨어져 대수롭지 않게 집 앞 병원에 가는 길이었습니다. 걸어가는 아이 뒷모습을 무심코 바라보는데 목 양쪽이 유난히 부풀어 있더라고요. 진료 볼 때 말씀드렸죠. 의사 선생님이 아이를 요리조리 보시더니 잠시 침묵하셨어요. 그러고는 대학병원으로 가보라는 겁니다. 최대한 빨리요. 이유를 물어봤지만 혹시 모르니 그렇다는 모호한 말만 돌아왔죠.

곧바로 대학병원에 전화를 걸어 상황을 말했더니 급히 진료를 잡아주었습니다. 금요일 오전, 아이와 학교가 아닌 병원으로 향했습니다. 피검사, 초음파 등 일사천리로 검사를 하였어요. 목, 사타구니, 겨드랑이에 급격히 커져 있는 임파선, 이유 없는 멍과 고열, 걷지 못할 정도의 통증. 단 며칠 사이 일어난 이런 변화들이 알고 보니 소아암 의심 증상이었던 것이었습니다. 머릿속이 하얘졌습니다. 검사 결과가 좋지 않으면 바로 오늘 늦게라도 연락을 할 거라고 하더라고요. 전화가 오면 주말이라도 당장 입원 치료를 시작해야 한다는 의미라고 했습니다. 극초기에 발견한 것일 테니 그나마 다행이라는 위로 아닌 위로를 들으며 진료실을 빠져나왔습니다.

믿기지 않았습니다. 눈물도 나지 않았습니다. 이렇게나 한순간에 평범한 일상이 끝날 수도 있다고? 이제 어떻게 되는 거지? 준비할 겨를도 없이 맞이한 상황에 현실이 아닌 것만 같았습니다. 아이는 정확히 어떤 상황인지 몰랐지만 분위기를 느꼈나 봅니다. 불안해하더라고요. 아이에겐 아무렇지 않은 척 걱정 말라 했지만 아이를 보니 눈물이 날 것 같았습니다. 집에 오니 오만 가지 생각이 나더군요. 그리고 제발 전화가 울리지 말길 바라면서 하루 종일 핸드폰을 손에 꼭 쥐고 있었습니다.

다행히 검사 결과 수치는 정상이었고 이후 이어진 2차, 3차 검사까지 무사히 마쳤습니다. "이제 마음 놓으셔도 됩니다"라는 말을 듣기까지 약 한 달이 걸렸네요. 짧지만 강력했던 이 시간은 저로 하여금 많은 생각을 하게 해주었습니다. 너무도 괴로웠지만, 덕분에 일상에 감사할 수 있게 되었고 아무 일 없는 하루하루가 소중해졌습니다.

학년이 높아질수록 아이에 대한 욕심이 많아집니다. 이 정도는 당연히 해야지 하며 요구하는 것들이 많아집니다. 기대에 미치지 못하면 고민에 빠지기도 하고요. 그러다 문득 해맑게 웃고, 까불고, 조잘거리는 모습을 보면 정신이 번쩍 들어요. 자체로 사랑스러운 존재인데 자꾸 잊고 지내고 있더라고요. 아이가 건강한 덕분에 친구들과 온종일 땀에 흠뻑 젖도록 뛰어놀 수도 있고 엄마 손 잡고 동네 산에 오를 수도 있지요. 동생과 놀다가 마음이 상하는 일조차도 함께 시간을 보내기에 가능한, 감사한 일들입니다.

하루는 아이가 정말 산만했습니다. 한 문제를 푸는 동안 연필을 세 번이나 바닥에 떨어뜨리고요. 태도를 중요하게 생각하는 저인데, 보고 있자니 슬슬 열불이 나기 시작했습니다. 결국엔 참지 못하고 쏘아붙였습니다. 무슨 생각하고 있냐고, 집중하라고요. 밤 열 시, 아이는 제 눈치 보며 겨우 마무리하고는 침대에 누웠습니다. 그런데 컨디션이 좋지 않았던 걸까요? 밤새 끙끙댔습니다. 열도 나고요. 복통과 두통에 괴로워했습니다. 새벽이 밝아올 때 겨우 잠이 든 아이를 보며 시간을 되돌리고 싶은 마음이 간절했습니다. 왜 아이 컨디션도 살피지 못하고 화를 냈을까, 그 문제 하나 푸는 게 무슨 대수라고.

빈틈없는 계획을 세워도 아프면 소용없습니다. 전국 방방곡곡 데리고 다니며 많은 걸 보여주고 싶지요. 여유가 되면 먼 곳으로 여행을 떠나고도 싶고요. 운동이며 악기, 외국어 등 가르쳐 주고 싶은 것도 많아요. 가끔은 이런 마음이 커져 버린 탓에 주객이 바뀌어 버린 무리한 계획표를 짜기도 합니다. 그러나 아무리 값비싸고 멋들어진 경험이라도 아이가 건강해야 빛을 발하더라고요. 몸과 마음 모두 건강할 때요.

건강이 최고라는 사실을 알고 있지만 자주 놓칩니다. 아이가 비타민 D 수치가 낮은데요, 그걸 알고 나서는 덕분에 더 뛰어놉니다. 의도적으로라도 그런 시간을 매일 가지려 합니다. 그랬더니 확실히 표정도 밝아지고 나날이 몸도 탄탄해지는 게 느껴져요. 몸을 많이 움직이니 수면의 질도 좋아지고 있고요. 기분 좋은 일도 많습니다. 아마도 아이 몸에 행복 호르몬이 가득 나오고 있는 게 아닐까요?

건강한 아이를 잃을지도 모른다는 생각을 한 뒤로, 아이의 놀이 시간을 최우선으로 두게 되었습니다. 물론 4학년이 되니 같이 놀 친구가 줄어들긴 했어요. 학원 가는 친구가 많아져서요. 그래도 일주일에 서너 번이라도 운동장이든 놀이터든 아니면 동네든 누비며 실컷 즐길 시간을 가집니다. 아이가 좋아하는 수영도 꾸준히 하고요. 최근엔 자전거와 농구의 매력에 푹 빠졌네요. 운동으로 몸이 튼튼해지는 건 물론이고요, 학습에도 도움을 주더라고요. 아이가 수영을 개운하게 하고 온 날은 수학 문제를 풀 때 집중력이 확 올라가요. 심지어 즐기면서 해요. 운동 덕분에 엉덩이 힘도 길러지는 어마어마한 효과를 몸소 체험하는 중이랍니다.

저와 남편도 인라인스케이트를 장만하였습니다. 아이들과 같이 타고 싶은 마음에 과감히 마음먹었어요. 날씨 좋은 주말, 공원에서 함께 타요. 아이들이 저에게 노하우를 알려 주기도 하고 속도를 맞춰 주기도 한답니다. 함께 땀 흘리며 운동하니 더 끈끈한 사이가 되는 것 같아요. 운동을 핑계 삼아 아이들과 더 오래 함께하고픈 마음입니다.

건강이 최고라는 말은 뻔해서 식상할 정도이지만 불변의 진리인 것 같아요. 저를 각성시켰던 그때의 경험이 없었다면 저는 다른 욕심에 눈이 멀어 운동은커녕 빡빡한 스케줄 속에 아이를 다그치는 엄마가 되었을지도 모릅니다. 아이와 땀 흘리는 즐거움도 몰랐을 테고요. 행복하기 위해 건강하기로 했습니다. 그래야 꿈을 맘껏 펼쳐낼 힘이 생길 테니까요.

제2장

길을 찾아 헤매다

내가 이 아이를 잘 키울 수 있을까?
아이는 자라면서 변하고 고민은 끊임없이 생겨나는데,
현명하게 헤쳐갈 수 있을까요?

1

흔들리지 않는 선택

아이가 학생이 되니 저도 마음가짐이 달라집니다. 소설의 새로운 장이 시작된 느낌이랄까요. 공부라는 걸 제대로 시작해야 될 것만 같아 긴장이 됩니다. 어디서부터 어떻게 시작할지는 모르겠지만 마음이 조급해집니다. 영어와 수학, 독서와 글쓰기 그리고 예체능도 빠트릴 수 없지요. 학습 세계에 들어와 보니 혼란스럽습니다. 여기저기서 들려오는 정보에 비장한 결심도 하게 됩니다. 아이에게 최고의 것을 주고 싶다고요. 잘 먹이고 건강하게 키우는 문제에서 이제는 '공부'라는 새로운 카테고리가 추가되었습니다.

제발 건강하게만 자라달라고 했지만, 머릿속은 복잡합니다. 떠다니는 생각들을 따라다니느라 정신없습니다. 언제, 무엇을 가르쳐야 하나. 어떤 방법으로 해야 하나 하면서요. '초등학생 필독서', '수학 문제집' 등 관심 있는 키워드를 검색해 봅니다. 정보들이 앞다투며 쏟아져 나와요. 전국 각지의 따끈따끈한 경험담까지 클릭 한 번으로 배달받습니다.

뷔페에 온 느낌입니다. 신선한 샐러드와 잘 구워진 스테이크, 글루텐프리 파스타와 따끈한 스프 모두 맛있어 보여요. 다 먹을 수 있을 것 같아요. 그런데 안타깝게도 한 접시에 다 담지도 못하거니와 금방 배가 불러옵니다. 너도나도 추천하는 프로그램과 각종 성공법, 자기 아이에게 효과 만점이었다는 동기 부여법과 눈이 번쩍 뜨이는 엄마표 수업 자료까지. 모르는 게 문제가 아니라 듣고 본 것이 너무 많아 힘든 지경입니다. 이럴 땐 많이 먹을 것인지, 건강하게 먹을 것인지, 맛이 보장된 것부터 먹을 것인지, 처음 보는 요리에 도전할 것인지 생각을 하고 덤벼들어야 하죠. 그래야 최고의 만족감을 얻을 수 있을 테니까요. 그런데 최선의 선택이 무엇인지 도무지 모르겠어요. 잘 차려진 뷔페 앞에서 접시만 들고 서성이게 됩니다.

집 앞에 큰 나무 한 그루가 있습니다. 여름이 다가오니 잎이 무성해져요. 며칠 전까지만 해도 나뭇가지 사이로 놀이터에서 그네 타는 아이들 모습, 지나가는 사람들이 보였는데요, 나뭇잎이 풍성해질수록 뒤에서 어떤 일이 일어나고 있는지 보이지 않더라고요. 딱 그런 상황인 것 같아요. 분명 도움 되는 자료와 정보가 많은데 많을수록 시야가 가려 멀리 보기 힘들게 되어요.

아이가 갈 유치원을 결정했던 과정이 떠오릅니다. 추첨으로 입학 자격이 주어졌었는데 반드시 오프라인 설명회에 참석해야만 했죠. 워낙 경쟁이 치열한 곳이라 지역 내 유치원 여덟 곳에 다녀왔습니다. 설명회가 같은 날, 같은 시간에 몰려있었던 탓에 저는 첫째 아이, 남편은 둘째 아이를 데리고 흩어져 다녔어요. 이렇게까지 유난을 떨어야 하나 했지만 방법이 없더라고요. 다행히 그중 두 곳에서 당첨되었고, 첫 관문을 넘었습니다.

최고의 선택을 하고 싶었습니다. 동네 맘 카페에서는 유치원 교육 방침과 프로그램, 비용을 야무지게 분석한 글이 쏟아졌습니다. 여기는 영어 아웃풋이 별로란다, 저기는 숲 체험이 있어서 좋다더라, 구전되어 오는 정보들도 많고요. 가끔은 '이거 아는 언니가 원장이랑 아는 분이라 들은 건데요' 하며 비밀스런 말을 전해주는 글도 있었습니다. 첫 아이라 잘 몰라서 그랬던 건지, 천성이 계산적이지 못해서인지는 모르겠지만 이러나저러나 크게 문제 될 것 없다는 생각이었습니다. 그랬었는데, 계속 얘기를 듣다 보니 어느새 하나라도 더 뭔가를 알아내고 싶더라고요. 나만 몰라서 잘못된 선택을 하진 않을까 싶어서요. 돌이켜 보니 이런 순간부터 비교와 경쟁이 시작되었던 것 같습니다.

당첨된 두 군데를 놓고 등록일까지 고민을 했어요. 제가 마음에 들었던 곳은 숲속에 있고 텃밭이 잘 가꾸어져 있었습니다. 햇빛이 잘 들어오고 널찍해 따듯하고 평화로운 인상이었습니다. 그런데 거리가 조금 먼 것이 마음에 걸렸습니다. 결국 최종 선택은 집에서 가까운 유치원이 되었습니다. 누군가는 숲에 있는 유치원이 더 좋은데 왜 그랬냐며 안타까워할지도 모릅니다. 그러나 가족의 상황을 고려해야 했습니다. 맞벌이 부부로서는 아이가 아프다거나, 차량을 타지 못하거나 하는 상황들에 대처하기가 쉬워야 했거든요. 각자 처한 상황이나 아이 기질, 가치관이 다르기에 상황에 맞는 최종 선택은 스스로 해야 했습니다.

초등학교 1학년 아이의 스케줄을 짜는 것도 보통 일이 아니더군요. 여유가 있는 일정이면서 돌봄과 학습 시간도 필요했죠. 친구, 아이 흥미, 이동 동선도 생각해야 했고요. 상황에 맞게 세심하게 챙겨야 하는 것들이라, 주변에서 조언을 해주어도 그대로 따르긴 힘들었습니다. 물론 남들이 많이 하는 프로그램에 그냥 등록하기도 하고, 아이가 잘 적응할 거라는 생각에 무리해서 몰아붙인 적도 있었습니다. 주변 말에 욕심이 났고 그것을 아이를 위한 거라 포장했던 것이 대부분이였던지라 보통은 오래 가지 못했습니다. 역시나 최종 결정은 스스로 해야 한다는 걸 깨달았습니다.

아이가 영어를 읽고 글자가 많은 책들을 읽을 수 있게 되자, 이때 바짝 실력을 높여줘야겠다 싶어 학원에 보냈습니다. 영어 공부에 흥미가 있지 않다는 걸 알고 있었지만, 반년 정도 부지런히 보냈죠. 조금씩 두꺼운 책을 읽기 시작했지만 아이는 좋아하기는커녕 힘들어 하더라고요. 학원 문 앞에서 뒷걸음질 치는 날이 많아졌습니다. 지속할 것인가 멈출 것인가. 고민 끝에 공부 정서를 먼저 챙기기로 했습니다. 누군가는 지금이 최적인데 왜 그만두냐, 조금만 기다리면 실력 늘 것 같은데 몇 달만 더 보내보라며 조언을 주었지만 결정은 우리가 내려야 했죠. 시행착오를 겪으면서 아이를 알아갑니다. 저희 아이는 충분한 적응 시간이 필요한 아이였습니다. 이미 학교에 입학한 것 자체로 큰 변화를 겪는 중인데, 엄마 꼬임에 원치 않는 새로운 학원까지 다니려니 하루하루가 긴장 속에 흘러갔을 거예요. 어른의 눈으로 아이를 대하고 있었습니다. 깨닫고 나니 아이의 하루가 보이기 시작했습니다.

엄마는 처음이라 어설픕니다. 겪고 나서야 아이 속도를 알게 됩니다. 때가 되면 자동 업그레이드되는 핸드폰처럼 기계적으로 대하지 않겠다고 생각합니다. '여덟 살이니 이래야지', '3학년인데 이것쯤은 해야지', 이런 기준을 만들어 놓고 적당히 얼버무리지 않아야겠다고 다짐해 봅니다. 많은 정보들에 마음만 급해져 걷기 시작한 아이에게 뛰라고, 뛰기 시작한 아이에게 줄넘기 해보라고 재촉하면 안 되니까요.

쏟아지는 정보에 휩쓸리지 않으려면 뿌리가 단단해야겠다고 생각했습니다. 감정에 휩싸여 본질을 잊으면 안 되겠더라고요. 옥석을 가려야죠. 우선순위를 정해놓고 흘려보낼 건 미련 없이 흘려보낼 수 있는 용기도 필요하고요. 방향은 스스로 정하는 거니까요.

2

우리만의 편집숍

아이에게 많은 경험을 주고 싶어요. 이 책 저 책 뒤적거려 봅니다. 그러고는 책 속의 수많은 육아 선배들, 다른 훌륭한 부모의 모습을 보며 반성합니다. 어쩜 이렇게 똑 부러지게 아이를 이끌어 주었을까. 이런 아이디어는 어떻게 생각했을까. 그 마음과 태도를 조금이라도 배우고 싶어 읽고 또 읽어봅니다. 아이를 키우는 입장이 되니 그때 이걸 알았더라면, 고민을 깊게 나눌 사람이 있었더라면 어땠을까 하는 생각을 종종 합니다. 분명 많은 걸 받았고 하루하루 열심히 살아왔지만, 우물 안 개구리였단 생각에 닿을 때면 우리 아이들에게는 더 넓은 세상을 보여주고 싶다는 생각이 듭니다. 아는 만큼 보이고 보이는 만큼 생각이 뻗어나갈 테니까요.

이런 마음이 커지니 욕심이 됩니다. 체할 것 같아요. 아무리 맛있는 음식이라도 자꾸 더 먹으라고 할 때 괴롭거든요. 그만 먹고 싶은데 어른들은 이렇게 배가 작아서 큰일이라며 반찬 그릇을 바짝 앞에 밀어주시고 국도 한 그릇 다시 채워주시죠. 한사코 거부해도요. 그러고는 다 먹지 않으면 안 될 것 같은 눈빛을 보내십니다. 그 마음을 모르지 않기에 한두 숟갈 더 먹어보지만 힘이 듭니다. 아이에게 이러고 있지 않나 싶어요. "이거 먹어봐, 진짜 맛있어" 하며 숟가락에 하나씩 올려주는 거죠. 아이 마음은 들여다보지 않고요.

선한 의도라도 과하면 탈이 납니다. 소화 능력엔 한계가 있는데 꾸역꾸역 넣으려니 힘든 것처럼요. 여기저기서 추천하는 독서법만 해도 수십 가지, 이 시기에 꼭 놓치면 안 된다는 것도 왜 이렇게 많나요. 지금이 최적이라며 마음을 다급하게 만드는 말도 한가득이라 정신이 쏙 나갔습니다. 계획 없이 마트 진열대에 보이는 걸 다 집어 오는 기분이었죠. 훌륭한 재료들을 몽땅 넣다 보니 특색 없는 잡탕찌개가 만들어지고 있었습니다.

모든 것의 기본은 독서라고 하더라고요. 구체적인 독서 방법을 소개하는 채널은 수없이 많습니다. '독서를 지속시키는 방법', '공부 잘하는 아이는 이렇게 독서한다', '스스로 책 읽는 아이 만드는 법' 등 제목만으로도 솔깃하죠. 처음에는 특별한 방법을 따르지 않고 독서했습니다. 그런데 '1학년 땐 이렇게 해야 한다', '몇 학년엔 지식 책 읽기를 시작해야 한다'와 같은 말들이 들어오니 허우적거리게 되더라고요. 형식적인 틀이 생기고 그 속에 가두어지는 느낌이었습니다. 물론 가이드가 생긴다는 든든함은 있었어요. 망망대해에서 나침반을 가진 느낌이랄까요. 그런데 한편으론 이런 법칙들이 발목을 잡기도 하는 것 같은 기분을 지울 수 없었습니다. 비교하는 마음이 생기고 조급해지며 눈에 보이는 결과를 바라게 되더라고요.

누구는 초등 저학년 시기엔 무조건 많이 읽으라고 하고, 또 다른 사람은 한 권을 제대로 읽으라고 했어요. 어떤 분은 책과 친해지는 것이 먼저니 학습 만화를 활용하면 좋다고 했지만, 다른 분은 학습 만화는 호흡이 짧고 제대로 된 글이 아니기 때문에 추천하지 않는다고 했습니다. 다 나름의 근거가 있는 말들이라 듣는 족족 설득되었습니다. 결국 필독서를 읽혀보기도, 원하는 책을 읽혀보기도 했습니다. 학습 만화를 금지시켜 봤다가 실컷 읽게 해보기도 하고요.

그런데 완벽하게 보이는 독서 방법도 계속하기란 쉽지 않았습니다. 성향에 맞지 않으면 아이에게도 저에게도 스트레스가 되더라고요. 다른 아이들도 하니 우리도 할 수 있을 거란 생각으로는 한계가 있었습니다. 호불호가 강하고 편독하는 아이에게 정해진 목록을 일방적으로 들이미는 것은 의미 없었습니다. 특정 독서법은 누구에게나 적용되는 보편적 진리가 아니었습니다.

시행착오가 많았습니다. 역사 동화를 읽었으면 좋겠는데 아이는 수없이 읽었던 과학 학습 만화책을 다시 펼치고요, 스티커 판을 주며 1,000권 읽기 도전하자 했더니 내용보다 권수에 집착합니다. 책장 넘기는 속도가 빨라지니 제대로 읽었는지 확인하고 싶어져요. “제대로 읽고 있어?”, “어떤 내용이야?” 자꾸 못난 질문만 던지는 스스로가 한심하게 느껴졌어요. ‘왜 유치한 그림책만 보는 거야?’, ‘똑같은 책을 몇 번째 읽는 거지?’, ‘다른 친구들은 재밌게 보는데 왜 재미없다고 하는 걸까?’ 속으로 묻고 싶은 것이 많았습니다. 그래서 아이를 유심히 관찰하게 되었나 봐요.

맞춤식 처방을 내려 보기로 했습니다. 마치 편집숍을 꾸리듯 아이의 개성에 맞게, 추구하는 방향을 담은 맞춤식 환경을 만들기로 했죠. 목적은 명확하면서도 아이 스타일에 맞게요. 아무리 멋있는 옷이라도 모두 어울릴 수 없듯이 아이에게 효과적인 환경은 어떤 모습일지 고민해야 했어요. 다른 누가 대신해 줄 수 없었습니다. 아이를 가장 잘 아는 제가 공부하는 수밖에요. 남들이 성공했다는 방법만 좇아다니다 가랑이가 찢어질 판입니다. 맞춤식 학습으로 가고 있는 시대인 만큼 우리 집 아이들도 맞춤 환경설정이 필요하겠더라고요. 아이보다 더 많이 읽고 배우는 엄마가 되기로 했습니다. 그렇게 우리는 시행착오 겪으며 세상에 하나뿐인 편집숍을 만들어 갑니다.

아이는 계속 변합니다. 어제 방법이 오늘 더 이상 소용없을 때도 많아요. 더 나은 방법을 찾기 위해 아이와 이야기 나누고 공부합니다. 덕분에 아이들은 저와 도서관에 가는 날을 기다리고, 하루 종일 파묻혀 책 읽기도 합니다. 심심하면 책을 먼저 꺼내 읽으니, 이 정도면 꽤 괜찮다 생각해요. 적어도 저의 어렸을 적 모습보단 낫거든요. 이렇게 작은 변화들을 하나씩 쌓으며 우리만의 노하우를 만들어 가는 중입니다.

아이를 키우는 일은 정답이 없어 어렵습니다. 요리에 자신이 없어 레시피를 자주 검색하는데요, 김치찌개를 끓이는 방법만 해도 수십 가지가 떠요. 인플루언서마다 재료도 순서도 다르지만 각자 스타일대로 한소끔 끓여내면 밥 한 공기 뚝딱할 수 있습니다. 그럴진대 아이들 키우는 일은 더 복잡한 게 당연하다는 생각이 듭니다. 남이 끓인 찌개, 당연히 맛있죠. 그런데 매번 얻어먹을 수 없으니 우리 입맛에 맞는 요리법을 찾는 일은 스스로 해야 할 것입니다.

가끔 주변에서 묻습니다. 다들 앞서 나가느라 정신없는데 아무것도 안 하고 있는 듯 보였나 봐요. 지금쯤 속도 좀 내야 하지 않느냐고 하시는 분도 계시고요. 한 학원에서는 높은 반에 갈 수 있는 실력이라며 지금 시작하라고 했습니다. 그래야지만 중고등학교 때 어디까지 진도를 뺄 수 있다며 촘촘하게 짜인 로드맵을 보여주기도 했습니다. 모두 맞는 말입니다. 아이가 더 잘할 수 있다는 말에 불안하고 다급해지기도 합니다. 그러나 아이는 제 맘 같지 않지요. 계획대로 아이가 척척 해내면 좋을 테죠. 그렇지만 아이의 속도와 성향을 알고 그것이 유일한 길이 아니라는 것을 알고 있다면 다양한 선택지가 보이기 시작합니다. 아이를 가장 잘 알고 있는 사람은 저라는 사실을 잊지 않으려 해요. 시시콜콜 남들에게 말하지 못한 부분도, 아이 눈빛을 가장 많이 마주한 사람도 저이니까요.

역량에 맞춰 가는 것이 가장 확실한 방법이라 생각합니다. 준비되면 먼저 가면 되는 것이고, 모두 같은 방향으로 갈 필요도 없고요. 외부에서 들려오는 말보단 아이의 말에 더 집중해 봅니다. 눈 마주치고 이야기 나누고 몸으로 부대끼며 아이의 가능성을 느껴봅니다. 그리고 그 잠재력을 믿는 순간, 아이를 잘 키울 방법은 누가 정해준 공식이 아닌 우리 안에 있다는 걸 알아차릴 수 있어요.

3

비교 없는 성장

요즘 SNS 모임이 부쩍 많아졌는데요, 친구 모임 말고도 글공부하는 모임, 경제 공부방, 교육과 자기 계발을 함께하는 엄마들 모임 등 여러 곳에 속해 있어요. 비록 만난 적 없는 사이일지라도 함께 목표를 향해 가는 분들과 마음을 나누는 것만으로도 힘이 납니다. '함께'가 주는 행복이 있습니다. 또래 아이를 키우는 엄마들과 차 한 잔 마시며 실컷 수다 떨고 나면 스트레스가 사라져 버리는 것도 '함께'의 힘입니다.

그런데 여기에 '비교'라는 불청객이 등장하면 문제가 됩니다. 모든 불행은 남과 비교하는 것에서 시작한다는 쇼펜하우어의 말처럼, 함께하는 사람들 사이에서의 비교는 더 아프게 다가와요. 남들과 비슷하면 안심이고 다르면 불안해지기 시작하죠. 나아가 그중에서 최고여야 한다는 생각이 자리 잡으면 경쟁이 시작됩니다. 경쟁에는 필연적으로 승자와 패자가 있지요. 함께하면 즐겁던 사이가 점점 불편해지기 시작합니다. 비교가 시작되면 불안해져요. 우리 애가 뒤처지면 어쩌나 싶어 자꾸 확인하게 됩니다. 악순환의 시작이지요. 확인은 숫자로 하기 마련이라 자꾸 더 높은 점수 경쟁에 내몰리게 되지요. 엄마의 불안을 아이는 기막히게 느낍니다. 엄마가 다급하면 아이까지 덩달아 불안해져요. 사랑받기 위해 눈치 보며 말 잘 듣는 아이로 변해가기도 합니다.

점수가 왜 이리 낮은지, 다른 아이들은 얼마나 잘했는지에 대한 말을 아이에게 직접적으로 건넨 적은 없습니다. 그런데 신기하게도 아이가 제 마음을 알아차리더라고요. 아이들 감각은 정말로 예민해서 엄마의 표정과 말투에서 그런 마음을 읽는 거죠. 아이들이 엄마에게 사랑받으려 애쓴다는 걸 알면서도, 실망스러운 결과를 보인 아이에게 '잘 좀 해봐'라는 무언의 압박을 주고 있었습니다. 있는 그대로의 모습을 인정하고 그 속에서 장점을 보아야 한다는 걸 이론적으론 너무 잘 알아요. 그렇지만 자꾸만 다른 사람이 먼저 보여 아이 모습이 보이지 않아요. 비교하는 마음이니 아이를 바꿀 궁리만 하게 됩니다. 달리는 경주마처럼 전체를 보지 못하고 앞에 놓인 길에만 집착하게 됩니다. 결국엔 이것이 전부인 것 같은 생각에 사로잡히게 되고요. 단점을 메우느라 시간은 흘러가 버리고, 빛나고 있던 장점은 발견되지 못한 채 묻혀 버리고 맙니다.

아이에게 건강한 경험을 쌓아주고 싶습니다. 그러나 정작 쌓이는 것이 성공의 경험이 아닌 부족한 부분이 들춰지는 경험이라면 어떨까요. 몸도 마음도 부정적으로 변해갈 것입니다. 건강해질 수 없겠죠. 나는 부족한 사람이라는 생각이 각인되어 아이만의 특별함이 평범함으로 전락하게 될 것입니다. 할 수 있어도 해내지 못하는 일들이 많아지고요. 자존감이 떨어져 무언가를 해볼 힘이 빠져 버리고 말 거예요. 그렇게 커버린다면 무기력한 날들, 초점이 사라진 날들이 사춘기 때문인지 지난 경험들 때문인지 원인을 파악하지 못한 채 시간은 흘러가겠지요.

동네 한 학원에서 수학 무료 테스트를 한다며 광고를 하더라고요. 별생각 없었는데 궁금해졌습니다. 주변 친구들도 여기저기 테스트 보러 갔다는 이야기가 많이 들리니 호기심이 생기더라고요. 이참에 아이가 어느 정도 실력인지 가늠해 보자 싶었지요. 학원에 방문했더니 아이를 빈 강의실로 안내했습니다. 문제지를 주며 문제 다 풀고 나오면 된다고 했습니다. 아이는 긴장한 눈치였어요. 잔뜩 얼어있더라고요. 대기실에 앉아 있는데 들어간 지 얼마 안 된 아이가 빈 교실에 있으니 무섭다며 나왔습니다. 안심시켜 들여보냈더니 몇 분 지나지 않아 배가 아프다고 나왔습니다. 화장실에 다녀와서는 괜찮나 싶었더니 이젠 머리가 아프다고 했습니다.

화가 나기 시작했습니다. 길지도 않은 시간인데 이런저런 변명을 늘어놓으니까요. 저도 가벼운 마음으로 왔다고 했지만 수고로움을 무릅쓰고 왔다는 건 내심 잘 해냈으면 하는 기대도 있는 거였겠죠. 결과는 예상하다시피 좋지 않았습니다. 선생님께선 이 정도면 나쁘지 않다고 위로해 주셨지만 제 귀에는 들리지 않았습니다. 이미 아이에게 실망한 마음이 가득했거든요.

다른 친구들은 야무지게 잘하는데 우리 애는 왜 산만할까? 잘하려는 마음이 없을까? 한숨이 절로 나왔습니다. 그 생각으로 아이를 보는데 왜 또 마음이 아프죠. 여러 가지 감정이 들었지만 눈치 보고 있는 아이에게 수고했다며 꼭 안아주었습니다. 이런저런 말 하지 않고요. 차마 말을 시작했다가는 아이를 다그치는 말만 나올 것만 같았으니까요. 아마 아이도 제 표정에서 많은 걸 읽었을 거예요. 아이가 잘못한 건 없는데 불편한 감정을 느끼게 했던 그때를 생각하면 미안한 마음뿐입니다.

둘째 아이는 부끄럼이 많습니다. 어린이집 다닐 때만 해도 무대 앞에 서서 율동을 가르쳐 줄 만큼 적극적인 성격이었는데 해가 갈수록 소극적으로 변해갑니다. 발표도 개미만큼 작은 목소리로 마지못해 하고요. 수행평가 발표를 앞둔 날이면 울면서 잠들기도 합니다. 아무리 어르고 달래도 도무지 용기 내기 힘들다는 아이가 답답하게 느껴지기도 해요. 실은 저도 낯가림이 있는 편입니다. 이러쿵저러쿵 조언해 줄 처지는 못 되는 거죠. 예쁘다며 말 걸어 주시는 어른에게 민망하리만큼 반응이 없는 아이에게서 저의 어릴 적 모습을 볼 때면 속상하기도 합니다. 조금 이기적인 생각일지 모르겠지만 그래도 아이는 저보다는 나았으면 하는 마음에 괜한 잔소리가 튀어나옵니다.

아이 공개 수업 날이었어요. 반 친구들은 신이 났습니다. 엄마, 아빠를 교실에서 만나는 일은 특별한 경험이니까요. 재잘거리는 웃음 속에 저희 아이는 앞만 보고 앉아 있어요. 저와 눈 한 번 흘깃 마주치고는 뒤돌아보지 않더라고요. 친구들이 서로 발표하려고 손을 쭉쭉 뻗고 엉덩이를 들썩거리는데 저희 아이는 요지부동입니다. '제발 발표시키지 마세요'라는 마음이었겠지요. 그런 마음을 아는지 모르는지 담임선생님은 단 한 명의 아이도 지나치지 않겠다는 눈빛이었습니다. 선생님의 레이더망을 빠져나갈 방법은 없었죠. 결국 아이의 차례가 되었습니다. 저도 덩달아 긴장되더라고요. 주문을 외우면 텔레파시가 전해질 것만 같아 '아들, 할 수 있어!' 속으로 외쳤습니다. 정말로 효과가 있었던 걸까요. 우물쭈물하던 아이는 옅은 미소 살짝 띠더니 작은 목소리로 해냈습니다.

여전히 수줍음이 많습니다. 그러나 아이의 특성임을 알기에 인정하고 장점을 보려 합니다. 적극적으로 발표하지 않아도 친구들에게 도움을 주고 선생님 말씀을 경청하는 아이입니다. 잘할 수 있겠다는 생각이 들면 부끄러움을 이겨내기도 합니다. 꾸준한 노력이 장점인 아이는, 연습을 많이 하면 자신감을 갖습니다. 태권도 심사도, 피아노 연주회도 할 수 있다는 마음으로 기꺼이 도전할 수 있습니다. 사소한 것부터 용기 내어보려는 아이의 마음이 느껴집니다. 이런 작은 변화를 알아차리고 응원해 주는 것이 저의 몫이지 않을까요.

남들보다 얼마나 큰지가 아닌 어제보다 성장했는지에 주목하는 것이 아이를 바라보는 올바른 시선이라 생각합니다. 씨앗이 싹을 틔우는 순간은 제각각입니다. 물만 주면 금세 자라나는 콩나물도 있지만 땅속에서 수년간 준비하고 겨우 흙을 뚫고 나오는 대나무도 있는 것처럼요. 속도가 다를 뿐 저마다의 가능성을 품고 있습니다. 빨리 싹이 나지 않는다고 기다리다 못해 손으로 잡아당겨 버리면 가능성마저 툭 끊어져 버리고 말 거예요. 희망은 아이가 품은 가능성을 진심으로 믿는 데서 출발합니다.

4

스스로 탈피하다

탈피는 스스로 하는 것입니다. 그걸 알면서도 허물을 벗고 나오려 애쓰는 모습을 보면 도와주고픈 것이 사람 마음인가 봅니다.

아파트 단지 내 넓은 풀밭이 있는데요, 여름이면 꽤나 무성해져서 아이들이 모여 놀기 딱 좋은 그런 곳이에요. 쨍한 연둣빛이 넘실거리는 풀잎 사이를 다니다 보면 온갖 풀벌레들이 폴짝 뛰어다녀서 마치 탐험을 떠나는 기분이 들어요.

무더운 어느 날, 아이가 채집통 가득 방아깨비를 잡아 왔습니다. 방아깨비 집을 만들어 준다며 재료를 찾아다녀요. 며칠 전 먹은 전골 밀키트가 담겨 있던 큰 투명 플라스틱 통을 가져옵니다. 방아깨비 십 수 마리와 넉넉한 풀, 놀이터가 되어줄 나무 막대기와 돌멩이들을 넣어 새로운 집을 만들어 주었습니다. 숨구멍도 뚫어 놓고요. 흐뭇한 표정으로 한참을 들여다보더니 고민이 된대요. 앞발로 기다란 이파리를 잡고 빼빼로를 톡톡 끊어먹듯 먹는 모습 보면 귀엽고 신기한데, 방아깨비 입장에선 편한 환경이 아닐 테니 다시 자연으로 돌려보내 줘야 할 것 같다고 합니다. 집에서 계속 보고 싶지만 풀어주는 게 맞겠다는 생각을 하고 있었던 거죠. 긴 고민 끝에 딱 하룻밤만 데리고 있기로 했습니다.

아이는 잠옷을 입고 바닥에 납작 엎드려서는 고개를 비틀어 천장을 가만 들여다보더라고요. 이제 자야 할 시간이라 했더니 그 말에 대답은 않고 가까이 와보래요. 한 마리가 거꾸로 매달려 탈피를 하고 있었습니다. 머리와 앞다리 일부는 이미 나온 상태였고 뒷다리를 빼려 애쓰고 있었습니다. 버둥거리다 실패하고 또다시 힘써 보는데도 진전없는 방아깨비를 보며 아이는 도와주고 싶다 했습니다. 저는 아이를 빨리 재워야 한다는 생각에 자꾸 시계를 보게 되더라고요. 눈을 떼지 못하는 아이에게 그냥 놔두면 알아서 잘할 거라고, 내일 아침에 살펴보자며 등 떠밀었습니다. 그래도 통하지 않았습니다. 이대로 놔두면 죽을 거라고, 힘들어 보인다며 도와줘야 한다 했습니다. 그러더니 작은 핀셋을 들고 오더라고요. 벗겨주면 쉽게 나올 수 있을 거라 생각했나 봐요. 제가 살짝 해봤는데 생각보다 쉽지 않았습니다. 힘을 잘못 주면 다리가 끊어져 버릴 것 같았어요. 마치 의사가 수술을 집도하는 듯한 긴장감이 감돌았습니다. 아이가 손을 덜덜 떨어가며 한참을 씨름한 뒤 다리가 잘 빠져나올 수 있게 껍질을 벗겨주었습니다.

다음 날 아침 눈도 제대로 못 뜬 채로 방아깨비를 살피더니 소리를 질러요. 거의 탈피에 성공했대요. 말끔히 벗겨주고 풀밭에 보내주고 오겠다며 밥도 거른 채 신이 나 통을 들고 밖으로 나갔습니다. 천진난만한 모습에 웃음이 났습니다. 그런데 금방 오겠다던 아이가 꽤 시간이 흘렀는데 오지 않아요. 걱정이 되려는 찰나 전화가 왔습니다.

"엄마… 방아깨비가 죽었어."

껍질을 벗겨주었는데 다리에 힘이 없더래요. 스스로 일어나지 못했대요. 중심도 잡지 못하고 뒤뚱거리다 그만 작은 구멍에 빠져버렸는데 그곳에 하필 거미가 있었던 거예요. 아이가 놀라 꺼내 주려 했는데 손이 닿지 않았고 거미 먹이가 되고 말았다고 합니다. 뭐라 위로를 해야 할지 모르겠더라고요. 당황해서 머뭇거리는데 아이가 본인 잘못이라며 울기 시작했습니다.

선한 의도였지만 방아깨비에게는 도움이 되지 않았나 봅니다. 홀로 설 준비가 되지 않았는데 성급하게 빼준 꼴이 되어버렸습니다. 시간이 걸리더라도, 힘들어 보이더라도 기다려 주었어야 했는데 말이에요.

모든 아이들이 같은 속도로 자라지 않는다는 것을 알아요. 그럼에도 아이에게 조금씩 욕심을 부리게 됩니다. 그런 마음은 재촉하는 말로, 비교하는 말로 나타나요. 답답한 마음에 떠먹여 주고 싶은 생각도 듭니다. 기다림은 생각보다 힘든 과정입니다. 변화가 보이지 않으면 조급해져서 저도 모르게 탈피를 도와주고 있는 모습을 발견하기도 하지요. 오늘 해야 할 숙제리스트를 뽑아 놓고, 풀어야 할 페이지를 미리 펼쳐 놓고요.

왜 이런 조급증이 생기는 걸까요. 아이는 부모 욕심을 채워주는 도구가 아닌데 말이에요. '너를 위해서'라고 한 말이 실은 '나를 위해서'가 아니었는지 돌아보게 됩니다. 제가 낳았다는 이유로 아이를 소유할 수 없습니다. 다만 아직 성숙해 가는 단계이기 때문에 돌봄이 필요한 거고요. 아이를 키우다 보니 많은 사람이 아이의 스펙이 곧 엄마의 스펙이라 생각하는 경우가 많았어요. 자녀가 화려한 이력을 가지고 있을수록 그 엄마는 여럿의 부러움을 사고 있었습니다. 그래도 거기까진 괜찮은데요, 괜히 불똥이 아이들에게 튀어 자기 아들, 딸에게 모난 말을 하고 재촉하는 모습을 볼 때면 마음이 불편해졌습니다. 같이 휩쓸리지 않으려면 저만의 중심을 잘 잡아야 했습니다.

스노클링을 하러 간 적 있습니다. 아이들에게 깨끗한 바다 풍경을 얼른 보여주고 싶었습니다. 신기해하며 좋아할 모습이 눈에 선했지요. 물 속에 들어가려는데 생각보다 파도가 높았습니다. 순간 망설였지만 다른 사람들은 문제없이 즐기고 있더라고요. 우리도 괜찮을 거란 마음으로 먼저 바다에 들어가 들어오라 손짓했습니다. 아이는 머뭇거렸어요. 준비가 되지 않았던 거죠. 엄마가 잡아주겠다며 두 팔을 벌렸습니다. 제 딴에는 안심시키려 했는데 지금 생각해 보면 아이 입장에선 엄마가 재촉하는 꼴이 아니었을까 싶어요. 얼른 들어오래서 왔는데 아이에게는 파도가 거칠었나 봐요. 놀라서 버둥거리며 저를 잡아끌고 제 어깨를 누르기 시작했습니다. 구명조끼를 입고 있었지만 아이가 누르는 힘에 저도 물속에 잠기게 되었고 순간적인 힘으로 아이를 밀어냈습니다.

짧은 폭풍이 지나간 듯했어요. 서두르는 바람에 그날 계획했던 스노클링을 접어야 했고 아이는 한동안 물을 무서워했습니다. 저의 욕심 때문인 것 같아 마음이 불편했습니다. 중요한 건 아이의 신호였는데 다른 사람들에 기준을 둔 게 잘못이었습니다. 아이가 스스로 할 수 있겠다는 마음을 먹을 때까지 기다렸어야 했다는 걸 지나고 나서야 알았습니다.

혼자 힘으로 탈피한 아이는 건강합니다. 스스로 해낸 경험은 큰 자산이 될 거예요. 마음을 들여다보고 알아차리는 과정을 겪으며 내가 주인인 삶을 살아갈 수 있으니까요. 아이는 저의 꿈을 대신 이루어 주는 존재가 아닙니다. 꿈은 온전히 아이 것이어야 하죠. 엄마가 예쁘게 만들고 다듬어 준 모습을 그대로 투영시키는 것이 아니라, 아이 내면에서 조물 거리는 손으로 조금씩 빚어나간 꿈을 망가뜨리지 않게 소중히 다뤄주어야 하지요. 조금은 어설픈 모양이어도 좋아요. 삐뚤

빼뚤 글씨라도 꼬꼬마 시절 손때 묻은 일기장이 소중한 보물이 되듯, 아이에겐 그 어느 것보다 가치 있는 꿈일 테니까요.

사람들의 생각도, 삶의 방식도 빠르게 바뀌어 가는 걸 느낍니다. 아이보다 경험이 많다고 명확한 길을 알려 줄 수 없어요. 저도 아이와 손잡고 함께 가보려고요. 다정한 안내자가 되어 보겠습니다. 다 너 잘되라고 하는 거라는 말 뒤에 숨어 무책임하게 내몰지 않겠습니다. 같이 걸으며 생각을 나누는 사이가 되고 싶습니다.

5

해낼 수 있어

시간이 부족했습니다. 머릿속엔 해야 할 일 목록으로 빼곡했지만, 늘 계획대로 되지 않는 게 육아 일상이었죠. 하루가 멀다 하고 일어나는 돌발 상황 속에서 해내지 못한 날이 많아졌습니다. 제때 해내지 못하는 날이 쌓이니 마음이 힘들어졌고 자존감은 점점 떨어졌습니다. 아이가 태어나고 삼 년 반 동안 육아휴직을 했습니다. 아이들 돌보는 데만 집중했어요. 천일도 훌쩍 넘는 날들, 뭐든 마음먹으면 해냈을 시간이었겠지만 저는 하루 너머를 보기 힘들었습니다.

분명 아이들 자라나는 모습에 행복했고 웃을 일도 많았습니다. 그러나 집에서 쉬니 좋겠다는 말 한마디에 속상해지고, 거울 속의 제 모습이 초라하게 느껴질 땐 한순간에 허무함이 몰려오기도 했습니다. 푸석한 얼굴과 피곤한 눈, 고무줄 바지에 질끈 묶어 올린 머리. 언제 이렇게 변해버렸나 싶어 눈물이 나기도 했어요. 엄마가 되어서도 잘 차려입고 여행도 다니며 멋진 삶을 사는 사람들도 있던데, 거울 속 저는 누가 아줌마라고 불러도 이상하지 않을 모습을 하고 있었습니다. 그렇게 '집에서 놀고먹으며 아이 둘 키우는 아줌마'가 되어버렸습니다.

긴 육아휴직을 끝내고 복직을 했습니다. 16개월 둘째를 어린이집에 보내야 하는 것이 미안했지만 내심 드디어 해방이란 생각에 설레었습니다. '엄마'가 아닌 '나'에 집중할 수 있게 되었으니까요. 쓸모 있는 사람이 된 것 같았습니다. 오랜만의 첫 출근, 두려웠지만 새내기 대학생이 된 듯 기분 좋은 설렘도 함께 찾아왔습니다. 하지만 이런 감정을 가족들에겐 내보이지 못했어요. 모성애가 부족한 엄마로 보여질까 봐 두려웠거든요. 다른 사람 손에 맡겨진 아이들이 짠하기도 했고요. 퇴근 후 만난 아이들에게는 엄마의 손길이 부족하게 느껴지지 않도록 최선을 다해야 했습니다.

하루 종일 활력 넘치는 학교에 있다가 집에 오면 저의 에너지도 모두 소진이 되어버립니다. 집에서 쓸 에너지를 남겨놔야 하는데 탈탈 바닥까지 쏟아낸 날이면 아무것도 하지 않고 조용히 있고 싶어져요. 그러나 이런 생각은 사치이지요. 휴식은커녕 궁둥이 붙일 틈도 없으니까요. 오후 6시까지는 아이들과 놀이터에서 놀아야 하고 데리고

들어와 밥 먹이고 씻겨야죠. 밀린 청소와 설거지 후다닥 하고 잠자리 독서까지 해줘야 하루가 마무리되니, 아이들이 잠든 뒤에야 쉴 수 있었습니다. 아이들에겐 미안한 말이지만 퇴근길이 밀리면 좋더라고요. 조용한 음악 들으며 운전대를 잡고 있노라면 어디론가 여행 떠나는 기분이었거든요.

열심히 사는 것 같은데 늘 아쉬움이 남았습니다. 일과 가정은 확실히 구분해야 한다는 저의 신념과는 다르게 일에 허덕이는 날이면 짜증 섞인 말이 튀어나오고야 말았습니다. 한 번 말하면 척 하고 알아들으면 좋겠는데, 엄마 기분 좀 알아차려 줬으면 좋겠는데…. 밥 먹자고 몇 번을 말해야 겨우 자리에 앉고, 반찬 투정하는 모습에 결국 폭발하고 맙니다. "그럴 거면 먹지 마!"라고 신경질적으로 쏘아붙이고는 밥그릇을 빼앗아 버리기도 했습니다. 분명 좋은 말로 할 수 있었는데, 뱉고 나면 후회가 됩니다.

"엄마, 이리 와 봐"

"엄마, 이것 좀 해줘"

엄마, 엄마, 엄마… 아이들이 '엄마 병'에 걸렸나 봐요. 하루 종일 몇 번이나 부르는지 모르겠습니다. 환청이 들릴 정도였어요. 잘 참다가도 제발 엄마 좀 찾지 말라고 쏘아붙이고는 방으로 들어가 버리기도 했습니다. 아이는 오늘 있었던 일을 말하고 싶었을 뿐인데 왜 여유 있게 들어주지 못했을까요. 이런 날들이 반복되었어요. 참 못난 엄마란 생각이 들었습니다. 빈틈없이 해내기는커녕 무너지고 있었습니다. 짜증 섞인 말이 오가는 건 아이들 잘못이 아니었어요. 제게 쌓인 피로와 스트레스 때문인 경우가 많았죠.

다른 엄마들은 어쩜 그렇게 똑 부러지나요. 아이 옷도 예쁘게 입히고 집은 늘 깔끔하며 음식도 감각적인 그릇에 정갈하게 담아 내놓아요. 아이 교육도 야무지게 해내는 것 같아요.

그에 비해 전 능력이 부족하게 느껴졌습니다. 마음은 큰데 늘 시간에 쫓겼어요. 잘 해내려 할수록 능력의 한계만 확인할 뿐이었습니다. 시간이 없어서, 나를 도와주지 않아서와 같은 이유는 저의 부족함을 외면하는 말이었습니다. 원인을 밖에서만 찾으려 하니 바뀌는 것은 아무것도 없었습니다.

변화하려면 제 마음이 건강해야 했습니다. 바꿀 수 없는 이유에 기대지 말고 적극적인 노력이 필요했지요. 차근히 살펴보니 저에게도 좋은 점이 있더라고요. 계산적으로 빠릿빠릿하진 못해도 끝까지 해내고 목표가 생기면 몰입하는 집중력도 있고요. 부끄럼은 많지만 아이들과는 코믹한 춤을 얼마든지 출 수 있는 엄마이고, 무엇보다 저를 조건 없이 사랑해 주는 가족이 있고요. 매일 저에게 힘 나는 말을 들려주기 시작했습니다. 책에서 마음에 와닿는 글귀들을 모아 온종일 보고, 읽고, 말했습니다. 귀에 들리는 말을 긍정적인 언어로 채우니 입에서 나오는 말과 머릿속 생각도 차츰 달라지는 걸 느낍니다. 저의 내면이 밝고 성장의 기운으로 채워지니 아이들에게도 자연스레 맑고

향기로운 기운이 전해지는 것 같아요.

'난 못난 엄마'라는 생각은 버리기로 했습니다. 그런 생각은 스스로를 작게 만들 뿐이더라고요. 위축되는 마음이 다시금 고개를 내밀 때면 구부정한 어깨를 쫙 펴고 허리를 꼿꼿하게 세워보곤 합니다. 그럼 신기하게도 자신감이 차올라요. 꽃이 꽃망울을 활짝 터트리는 기분이 들어요. 나는 뭐든 해낼 수 있는 사람이라고 되뇌어 봅니다. 아이 때문에 제 삶이 없어진 것이 아니라 덕분에 할 수 있는 것이 하나씩 많아지고 있어요. 참으로 감사한 일입니다. 마음속 폭풍을 견뎌내면서 뿌리가 더 깊어졌나 봐요. 하루하루가 설레고 내일이 기대됩니다. 그렇게 조금씩 더 단단해지는 어른이 되어가는 중입니다.

6

불안을 넘어서

"무서워…. 괴물이 튀어나올 것 같아."

영화를 보던 아이가 품에 안기며 말해요. 아이 손은 땀으로 축축합니다. 문을 열면 어떤 녀석이 나타날까, 저 안은 어떤 곳일까. 영화 속 주인공이 앞으로 한 발 내딛을 때마다 제 품으로 들어옵니다. 다음 장면을 예측할 수 없어 무섭습니다. 문을 벌컥 열었을 때, 주인공을 반겨주는 친구들이 있다면 좋으련만 무시무시한 괴물이 나타날 수도 있으니까요. 누군가 힌트라도 주면 나아질까요. 마음의 준비라도 할 수 있으니까요.

길이 보이지 않을 때 두렵습니다. 길을 잃지는 않을까, 이 길이 맞기는 한 걸까 걱정이 됩니다. 어느 여름, 기록적인 폭우가 쏟아진 날이었습니다. 제 인생에서 그렇게 비가 쏟아진 적은 처음이었던 것 같아요. 자동차로 이동 중이었는데 한순간에 도로 한복판에 갇혀버렸죠. 사거리였는지 오거리였는지 확실하진 않지만, 온갖 방향에서 차들이 튀어나왔습니다. 굵은 빗방울이 비비탄 총알처럼 차를 사정없이 두드리고 앞은 전혀 보이지 않았어요. 신호등이 무슨 색인지, 차선은 어디 있는지 전혀 알 수 없었고요. 그 순간 등줄기에 식은땀이 흘렀습니다. 도로 가운데 꼼짝없이 멈춰버린 저를 누군가가 들이받는 상상을 했어요. 공포감은 커져만 갔습니다.

시대가 바뀌었다고 합니다. 우리 어릴 때와 다르다며 요즘은 최대한 어릴 때부터 할 수 있는 공부는 해놓는 것이 좋대요. 엄마들 모임은 자녀 교육 이야기만으로도 시간을 채우고도 남습니다. 서로의 안부보다는 요즘 어떤 문제집을 푸는지, 진도는 어디를 나가는지, 다음 단계는 무엇인지가 주를 이루었죠. 수준 높은 책을 읽는 친구의 비결을 나누고 각자의 노하우를 전수하면서, 부러워하다 때론 한뜻으로 팀을 이뤄 아이들을 잘 키워보려고 노력합니다. 그렇게 달려가다가 허무해지기도 합니다. 친구들과 원 없이 노는 아이들을 보면 저게 자연스러운 일인데 싶습니다. 동네를 누비면서 온몸으로 받아들인 경험이야말로 그 무엇으로도 채울 수 없는 특별한 자산이니까요. 유년기 소중한 시절을 문제를 풀고 실력을 줄 세우는 시간으로 채우기엔 아깝다는 생각이 들기도 합니다.

이러나저러나 불안하긴 마찬가지입니다. 지금의 선택이 어떤 결과를 가져올지 알면 좋으련만 미래를 그려보기란 쉽지 않습니다. 보이지 않으니 불안한 마음은 더욱 커지고요. 갈팡질팡하고 있는데 저만치 앞서나간 사람을 보면 조급해집니다. 난 아직 고민 중인데 제 갈 길 찾아가는 사람을 보면 불안해집니다. 그러다 쫓기는 마음이 생겨버려 최선이 아닌 섣부른 결정을 하고 말아요. 스스로 무엇을 원하는지 모르면 모든 말이 그럴듯하게 들립니다. 마음이 바빠집니다. 시야는 좁아지고 당장 눈에 보이는 결과를 내기 위해 질주하게 됩니다. 점수든 레벨이든 눈으로 성장을 확인해야 안심이 됩니다.

그러나 아이 삶을 다른 사람의 판단에만 맡겨버릴 수 없는 일입니다. 남들이 맛있다고 추천해도 제 입맛엔 맞지 않을 수도 있고, 다른 사람은 별로라고 하더라도 제겐 어울리는 옷이 있듯이, 아이들 교육에 있어서도 아이들과 저만의 기준을 세워야 합니다. 아이들에겐 제가 어렸을 때와 삶의 방식, 속도가 다르다는 걸 느낍니다. 누리는 게 많아 부럽기도 하면서도 한편으로는 안쓰럽기도 합니다. 저 역시 새로운 시대에 계속 배우고 적응해 나가야 하는 상황이니 확신을 가지고 이끌어 줄 수 없어 미안하기도 하고요. 그럴수록 부모의 교육 철학이 중요하다는 걸 깨닫습니다. 돌고 돌아 출처를 알 수 없는 말을 따라 고민한다 한들 뾰족한 길이 보이지 않을 테니까요.

본질은 아이들이 필요한 역량을 갖추어 새로운 시대에 잘 적응하고 원하는 바를 이뤄가며 조화롭게 살아가는 것입니다. 이런 역량 교육이 단순히 공부 진도 나가는 것보다 몇 배는 어렵고 힘든 일이지만 그 일을 적극적으로 해야 함을 느낍니다. 비교적 변화가 느렸던 예전에는 경험담을 로드맵으로 삼아 믿고 따를 수 있었지만, 이제는 워낙 빨리 바뀌어 버려서 상황에 맞게 변주하는 능력이 필요해졌습니다. 직업도 살아가는 방식도 다양해지는 사회에서 우리에게 꼭 맞는, 완벽하게 준비된 전문가를 찾기란 하늘의 별 따기입니다. 이럴수록 더욱 남들이 떠먹여 주는 정보를 기다리기보다는 적극적으로 흐름을 읽어야겠다는 생각이 듭니다.

밤잠 줄여가며 정보 찾고 설명회나 강연에도 참석해 봅니다. 평일 낮 교육임에도 빈자리 없이 빽빽하게 앉아있는 부모님들 사이에서 매번 놀라요. 어디서 이렇게 많은 엄마, 아빠들이 모였을까 싶어요. 자녀 교육을 위한 배움에 기꺼이 시간을 내고, 적극적으로 질문하는 모습에서 부모님들의 교육에 대한 진심과 열망을 느낍니다. 엄마표로 부지런히 이끌어 주기도 하고요, 상황에 맞게 다양한 외부 프로그램을 활용하기도 합니다. 모두 아이를 위한 마음에서 시작되었을 거예요. 방식이 어떠하든, 가치관을 따르는 교육을 하는 것만큼은 놓치지 않았으면 합니다. 쫓아가기만 하는 교육은 나를 잃어버리게 합니다. 열심히 나아가다가도 한순간 누구를 위한 삶인지 공허한 마음이 들게 됩니다. 급한 마음에 풀지도 않을 문제집을 잔뜩 사보기도 하고 좋다는 방법은 다 따라 해 보아도 그건 교육이 아닌 학습의 일부

일 뿐이었습니다. 그것보다 더 중요한 것은 교육을 하는 이유를 따져 보고 의미를 찾았을 때, 비로소 지금 하는 일들의 가치가 드러난다는 것이었어요. 가야 하는 길이 보이고 생각이 뭉쳐 중심을 잡게 되었을 때, 비로소 아이에게도 믿음을 주는 말을 내뱉을 수 있더라고요.

목적지로 향하는 길에 확신이 없다면 한 발 내딛기가 힘들지만 명확하다면 가볍게 발걸음을 뗄 수 있습니다. 앞날을 장담할 수 없지만 여러 방향을 살펴볼 수는 있어요. 남들이 정리해서 알기 쉽게 말해 주는 것만 기다릴 것이 아니라 아이의 엄마로서 부지런히 알아봐야겠지요. 다양한 분야의 이야기를 들어보려 해요. 어렵지만 경제 신문도 보고요. 요즘 인기 있는 연구 분야는 무엇인지, 교육의 방향은 어디로 가고 있는지를 검색해 봐요. 물론 쉽지 않아요. 그래도 마음만 먹으면 양질의 콘텐츠를 접할 수 있다는 사실에 감사해요. 모든 사람에게 열려 있는 세상이라는 걸 다시 한 번 실감합니다. 생소한 분야도 감히 기웃거려 볼 수 있고요. 정보력은 부모의 부지런함에 달린 것 같습니다.

잘 알지 못할 때 두렵습니다. 코로나가 세상을 뒤집어 놓았었죠. 마스크를 벗으면 당장이라도 감염될 것 같아 소독해 대느라 바빴습니다. 주변 모든 것이 경계 대상이었고요. 그러나 이제는 그때만큼 공포감이 들지는 않아요. 아는 것이 많아지면서 불안은 줄어들었습니다. 그렇듯 아이 교육도 공부하고 아는 것이 많아질수록 불안하지 않을 수 있어요. 배우는 만큼 다양한 가능성을 그려볼 수 있어요. 최신 교육 정보와 트렌드를 꾸준히 익히면 지금 아이에게 필요한 역량이 무엇인지 보여요. 교육 방향성을 정하는 데 큰 도움이 되지요.

아이를 키우는 일은 새로운 도전의 연속입니다. 겪어보지 않은 일들이 기다리고 있기에 두렵기도 합니다. 그러나 이왕 피할 수 없는 것 반갑게 맞이해 보면 어떨까 싶어요. 새로운 곳으로 여행 떠나는 기분으로요. 즐거운 일이 가득할 거라 기대하며 변화를 적극적으로 맞이해 봐요.

7

보이는 게 전부가 아니야

"여기를 보라니까? 그게 아니잖아. 자, 다시, 에휴."

아이가 쓴 걸 빡빡 지웠습니다. 숙제 봐줄 때마다 고통입니다. 집중하지 못하는 아이를 앉혀놓고는 한숨을 내뱉고 말았습니다. 어려운 문제도 아닌 것 같은데 왜 자꾸 엉뚱한 소리를 하는 걸까요? 심란한 마음에 네이버 카페에 들어갔습니다. 비슷한 고민을 가진 분들의 위안을 얻고 싶어서요. 그런데 보면 볼수록 괜히 봤다 싶어요. 어쩜 이렇게 훌륭한 아이들이 많아요? 위로받기는커녕 아이의 부족한 부분만 떠올라 핸드폰을 내려놓았습니다.

온라인 세계에는 훌륭한 아이들로 가득하지요. 작곡을 기막히게 하는 아이, 경시대회에서 금상을 탄 아이, 글을 써서 벌써 작가로 데뷔한 아이들의 이야기가 담겨 있어요. 우리 아이도 그렇게 될 수 있을까 부러움 가득한 마음으로 클릭해 봅니다. 방법 좀 알려달라는 댓글이 수십 개 달린 걸 보니 저처럼 노하우를 알고 싶은 부모님들이 많은가 봐요. 왠지 모를 동지애가 느껴져요. 당장 아이와 이것저것 하고 싶은 게 많습니다. 그러나 현실 속 아이는 저와 생각이 다른 탓에 희망에 부풀었던 제 마음은 허무하게도 바람이 빠져 버립니다.

우리 아이는 SNS 속 주인공이 될 수 없는 걸까요? 왜 항상 부러워하는 위치에 있어야 하는 걸까요? 과하면 독이 되듯 소셜 미디어도 그런 것 같아요. 한 가지에 꽂히면 유난히 그게 더 눈에 잘 들어와요. 모자를 사고 싶을 땐 사람들이 어떤 모자 쓰고 다니는지 유심히 보게 되고요, 어떤 공부에 빠지면 세상 모든 것이 그 공부와 연결되지요. 그런 것처럼 아이 교육에 꽂혀있는 저는 온종일 수없이 많은 교육 컨텐츠 속에서 허우적대게 되었습니다.

빠져나와야지요. 균형 잡지 못하고 무너져 버리면 안 되니까요. 비슷한 생각을 하는 사람들끼리 모여 있다 보면 그 안의 이야기가 세상 전부인 것 같은 착각이 들잖아요. 모두가 나와 같은 고민을 하고 관심을 가지고 있을 것만 같고요. 이런 생각은 '전부 다 그래'라는 말과 함께 당연하지 않은 걸 당연하게 여기는 출발점이 될 것입니다.

온라인 세상에 존재를 드러내는 일은 쉬우면서도 어려운 일이에요. 사진 찍고 글 몇 줄 써서 올리면 되니 쉽게 느껴져요. 그러나 저는 이야기를 내보이는 것이 힘들더라고요. 쉽게 휘리릭 써지지 않아요. SNS에 글도 써보고 질문도 올려보며 알게 된 사실이 하나 있어요. 생각보다 온라인에 드러나지 않은 이야기들이 많다는걸요. 가입한 사람들 중 글을 쓰거나 콘텐츠를 생산하는 사람은 일부더라고요. 우리가 읽고 보는 SNS 속 이야기가 결코 전부를 대변할 수 없겠다는 생각이 들었습니다.

하버드 대학 토드 로즈 교수의 말에 따르면 실제 5%의 말과 글이 전해지고 회자되면 그 내용이 모든 사람의 의견인 것처럼 인식되는 집단 착각이 일어날 수도 있다는 글을 읽었습니다. 무릎을 '탁' 쳤어요. 전부 다 그렇다는 착각 속에서 허상을 좇지 않아야겠다고 생각했습니다. 알고 나니 마음이 편안해졌어요. SNS에는 자세한 상황과 전체 모습을 담을 수 없죠. 그렇기에 각색되고 편집된 일부 내용을 접할 수밖에요. 스토리는 전해지면서 군더더기는 빠지고 극적인 점은 부각이 되고요. 그렇게 탄생한, 어쩌면 세상에 존재하지 않는 완벽한 인물의 이야기에 너무 빠져들지 않으려고요. 그보다는 조금 더 건설적이고 희망적으로 저와 아이들을 돌보는 시간을 가지고 싶습니다.

아이에게 집중해 봅니다. 영어 단어 외우자고 하니 방을 기어다니며 시간을 끌지만, 체스 두자고 하니 벌떡 일어나요. 일기 쓰라고 하니 쓸 것이 없다며 툴툴대지만, 하고 싶은 걸 하라고 하니 재밌는 이야기가 생각났다며 책을 씁니다. 나름의 장점이 있는 아이였어요. 흥미 있는 일과 없는 일에 호불호가 강하지만 원하는 일엔 누구보다 집중할 수 있어요. 집중력이 부족한 것이 아니라 마음이 가는 곳에 온 마음을 주어요. 아이 기준에서 반드시 해야 할 것과 하지 않아도 될 것을 구분하여 장점에 몰두할 수 있는 환경을 세팅해 주는 것이 저의 역할이라는 걸 알았습니다. 이렇게 보니 우리 아이도 SNS에서 마주하면 여느 훌륭한 아이 못지않을 것 같아요. 우리 아이뿐이겠어요. 모든 아이들이 소셜 네트워크 속 주인공이 될 수 있는걸요.

썸네일만 보고 복숭아를 구매한 적 있어요. 농장에서 갓 딴 핑크빛 복숭아 사진에서 싱그러움이 느껴졌습니다. 홀린 듯 주문을 했죠. 기다려 받은 복숭아는 얼마나 맛있었게요? 깨끗이 씻어 먹기 좋게 자르는 순간 복숭아를 떨어뜨리고 말았습니다. 벌레가 가득했거든요. 겉으로는 완벽해 보였는데 속이 엉망이어서 하나도 먹지 못했습니다. 보이는 모습이 전부가 아니라는 걸 깨달았습니다. 온라인에 드러난 누군가의 모습에 기준을 두지 말고 아이로부터 기준을 정해봅니다. 관심사와 속도를 살피며 유연하고 여유 있는 마음을 가져 봅니다. 속이 꽉 찬, 내 인생의 주인공이 될 수 있어야 하니까요.

8

함께 자라다

아이의 성장은 기쁘지만 저를 힘들게도 합니다. 하루는 아이에게 섭섭하더라고요. 제 감정은 헤아리지 않고 자기 하고 싶은 말만 해댑니다. 무심하다 생각했어요. 아무리 어리다지만 이건 아니다 싶어 참고 참다가 말을 꺼냈습니다. 서운한 이유를 말하며 다른 사람 마음도 살필 줄 알아야 한다 했습니다. 제가 원하던 반응은 아이가 '엄마가 그런 마음이었을 수 있었겠구나' 끄덕이면서 다음부터는 조심한다는 다짐을 하는 것이었는데 예상과는 다르더군요. 아이는 이해하지 못했어요. 오히려 대화는 산으로 갔고, 서로 하고 싶은 말만 하는 상황이 되었습니다. 분명 얼마 전까지만 해도 제 말에 경청하고 대답도 예쁘게 하던 아이였는데 당황스러웠습니다. 다짐은커녕 오히려 큰소리 치며 생각을 굽히지 않는 아이의 모습에 마음이 아팠습니다. 무심한 아이의 표정이 제 마음을 할퀴었고, 그만하자 했더니 문을 열고 나가 버리는 아이 모습에 눈물이 흘러내렸습니다. '내가 이 아이를 잘 키울 수 있을까?' 잘 키울 자신감이 사라집니다. 부모의 말과 생각이 곧 아이가 살아갈 세계라던데, 막중한 책임 앞에 작아지기만 하는 것 같아요. 아이는 자라면서 변하고 고민은 끊임없이 생겨나는데, 현명하게 헤쳐갈 수 있을까요?

아이가 열 살이 되었어요. 아기 때부터 재우는 일이 가장 힘든 일이였는데 여전히 불이 꺼진 뒤에 갖은 무서운 생각들을 이겨내고 나서야 잠이 듭니다. 엄마도 어릴 때 그랬다며 공감해 주고 토닥여 주는 것도 끝없이 되풀이되니 막막하기만 합니다. 커가는 과정일까. 불안한 게 있는 걸까. 말 못 할 걱정이 있는 걸까. 원인이 무엇인지 알고 싶었습니다. 그래야 해결할 수 있을 테니까요. 자료를 찾아 보기도 하고 잠자리 환경도 바꾸어봤어요. 침대에 누워 이야기 들려 주기는 기본이고 피곤할 때까지 몸으로 놀기, 온몸 마사지 등 머리에서 쥐어 짜낼 수 있는 건 다 해본 것 같아요.

하루는 퇴근하고 오니 할 일은 쌓여 있고 시간은 없더라고요. 얼른 해치우자는 마음으로 샤워부터 시키려 아이를 욕실로 데리고 갔습니다. 아이가 샤워하지 않겠다며 짜증 내기 시작하더라고요. 무엇 때문에 기분이 나쁜 건지 말해 주지도 않고 고집만 부립니다. 물을 틀었더니 더 크게 소리 지릅니다. 마음을 애써 누르며 발에 물을 살짝 뿌렸죠. 아이는 집이 떠나가라 울기 시작했습니다. 아이와 자존심 대결을 한판 끝내고 나니 아무 의욕이 나지 않았습니다. 나만 이러고 사는지, 이렇게 키우는 게 맞는 건지, 과연 잘 키워낼 수 있을지 도무지 알 수 없었습니다.

이럴 때 저에게 힘이 되어주는 건 비슷한 아이를 키우는 이야기였습니다. 집과 직장만 왔다 갔다 하다 보니 털어놓을 곳도 공감받을 곳도 마땅치 않더라고요. 나이와 성별이 같아도 가진 고민은 천차만별이고요. 그렇기에 비슷한 경험을 공유할 수 있다는 것만으로도 마음이 좋았습니다. 공감과 위로는 큰 힘이 되었습니다. 고민을 나누면, 좀 더 현명한 엄마가 될 수 있겠다는 기분이 듭니다. 조금만 손품 팔면 누구든 만날 수 있는 세상이니 감사할 따름이지요. 그렇게 조금씩 잘 키울 자신감을 가지기 시작했습니다.

또, 교육에 대한 이해가 깊어질수록 자신감이 생겼습니다. 교육전문가, 심리학자, 과학자 등 다양한 전문가들의 지식은 아이를 여러 방향에서 바라볼 수 있게 합니다. 객관적으로 바라볼 수 있는 눈을 키워줍니다. 덕분에 중심을 잡을 수 있고요. 일관되게 아이를 대하려는 마음은 앎을 바탕으로 한 확신으로부터 출발하게 되었습니다.

마지막으로, 완벽하지 않아도 된다는 생각이 자신감을 높여주었습니다. 몸과 마음이 힘들고 지쳤던 건 스스로 무엇이든 잘 해내야 한다는 기대가 있었기 때문이더라고요. 높은 기준에 도달하려 애를 쓰다 보니 자신감이 사라진 것이었어요. 빈틈없는 완벽이란 허상과도 같아요. 여유를 가지고 실수 안에서 나아갈 수 있는 것도 충분히 멋진 일이라는 걸 깨달았습니다.

아이 키우면서 부모도 자란다는 말을 실감합니다. 감정에 휘둘리지 않고 원칙을 세우고 기다리는 일은 내면을 가꾸는 일이더라고요. 아이를 잘 키우려는 노력은 저를 어른으로 만들어 주는 것 같아요. 남 탓, 환경 탓하며 스스로 갉아먹는 생각이 아닌 건설적인 생각을 하게 해주어요. 주저앉지 않고 일어날 용기를 가지게 됩니다. 저는 아이들과 함께 자라나고 있습니다.

하루는 아이가 수박을 먹다 묻더라고요. 이 작은 씨앗에서 커다란 수박이 어떻게 만들어질 수가 있냐면서요. 그 말을 듣는 순간 머릿속에 빛이 번쩍였습니다. 가능성은 보이는 게 다가 아니었어요. 왜 우리 아이는 작게만 느껴지는지 잠재력이 있기는 한 건지 의심하는 것은 의미가 없는 일이었습니다. 아이들은 수박씨처럼 가능성을 지닌 존재였습니다. 씨앗의 크기만 보고 가능성을 단정 짓는 것이 아니라 싹을 틔울 수 있도록 적절한 환경에서 알맞은 과정을 마련해 주어야겠습니다.

여유가 있는 마음과 넉넉한 품속에서 자신감을 가져 봅니다. 대단한 결의까진 아니더라도요, 나를 일으킬 수 있을 만큼이면 충분할 거예요. 그 마음이 아이의 눈을 바라보게 하고 반짝임을 알아챌 수 있게 합니다. 기꺼이 기다려 줄 수 있습니다. 한 그루의 나무가 되고 그 나무가 숲의 일원이 되는 일은 꽤나 오랜 시간이 걸리는 일이니까요. 잘 키울 수 있다는 자신감은 건강한 숲을 이루어 줄 것입니다.

제3장

엄마의 성장, 아이의 가능성을 열다

먼 훗날, 성인이 된 아이 곁에 서 있는 저를 상상해 봅니다.
십수 년 전 과거에 머무르고 있는 엄마일까요, 함께 성장하고 있는 엄마일까요.
그 결과는 지금의 저에게 달려있을 것입니다.

1

독서 : 읽음으로 피어나다

엄마가 된 후로 책을 가까이하기 시작했습니다. 요즘 뭐 하며 지내냐는 질문에 책 읽는다고 말하기는 왠지 민망하지만, 책을 통해 세상을 배우고 있어요. 독서하지 않았더라면 육아도 삶도 여전히 헤매는 중일 거예요. 십 분 안에 알짜 정보 담아주는 영상이 넘쳐나지만 결국 안에 오래 남는 것은 독서하며 천천히 곱씹은 말들이더라고요. 책은 흘러가는 영상과는 달리 온전히 제 것으로 만들 수 있어 좋아요. 생각을 모을 수 있어요. 책 속 문장 하나 붙잡고 있다 보면 오래전 기억과 만나기도 하고 새로운 다짐도 하면서 단단해져요.

어린 시절 책을 많이 읽는 편은 아니었어요. 기억에 남는 책이 손에 꼽을 정도니까요. 학생일 때는 교과서와 문제집만, 대학 가서는 전공서만 끼고 있었고요. 부끄럽지만 독서는 제 인생에 끼어들 틈이 없었습니다. 그렇게 사회인이 되고 결혼을 하고 아이가 태어났어요. 엄마가 되었는데 아는 것이 없었습니다. 하나하나 친절히 알려 주는 사람도 없었습니다. 아이가 집이 떠나가라 울어대면 왜 우는지, 기침 소리가 좋지 않으면 무엇 때문인지 몰랐습니다. 처음 맞이하는 날들에 공부가 필요했어요. 무사히 하루를 살아내기 위해 책을 펼쳤습니다.

첫 선택은 육아서였습니다. 성장과 발달, 놀이법 등에 대한 책들을 읽으며 아이를 이해하기 위해 노력했어요. 현명한 엄마가 되고 싶었습니다. 실제로 의지가 많이 되었고 웬만한 것은 책을 통해 해결할 수 있었습니다. 책에 소개된 엄마표 놀이도 따라 했습니다. 재료와 방법까지 다 알려 주니 얼마나 좋아요. 두부, 마시멜로, 국수 면으로 촉감놀이도 하고, 화장실 벽 전체를 비닐로 덮고 손바닥, 발바닥에 물감 가득 묻혀 매주 놀았네요. 재활용품으로 비밀 기지 만들기도 하고요. 물론 책이 아닌 검색으로도 접할 수 있는 활동들이에요. 그러나 책 구석구석 살펴보았기에 일회성이 아닌 묵직하게 다가온 활동들이지 않았나 생각이 듭니다. 책에는 예쁜 말들도 많았습니다. 기억해 두었다가 하나둘씩 따라 해보았죠. 끈기 있게 해보지도 않고 포기하려는 아이에게 짜증 대신 "할 수 있는 방법이 있지 않을까?", "힘들면 쉬었다가 해"라고 말할 수 있었던 건, 독서의 힘이었습니다.

알고 싶은 것이 많아졌습니다. 육아서만 보던 저의 눈이 다른 곳을 향하기 시작했어요. 자기 계발, 에세이, 경제경영, 기술/IT 분야 등으로 영역을 넓혀나갔습니다. 아이 키우며 살고 있는 이 세상이 전부인 줄 알았던 저에게 신세계가 열리는 순간이었죠. 이렇게나 많은 사람들이 각자의 분야에서 삶을 살아가고 있는데, 하루 버티는 것만이 전부였던 제 자신이 안타까울 지경이었습니다. 책이 매력적인 이유는 경험해 보지 못한 세상에 들어가 볼 수 있다는 거지요. 어렵게만 느껴졌던 경제, 내 인생과 상관없다 여겼던 사업, 각자의 분야에서 성공을 이룬 사람들의 생각을 좇아가 보았습니다. 참 신기했어요. 성장하는 느낌, 무언가 안에서부터 채워지는 기쁨이 훅 올라오더라고요. 아이를 키우는 엄마, 평범한 나도 무언가 해낼 수 있지 않을까 하는 두근거림에 잠을 이룰 수 없었습니다.

시간 나면 책을 읽었었는데, 책을 읽기 위해 시간을 냈습니다. 한 페이지라도 더 읽고 싶어 새벽에 일어나기도 하고 늦게 잠들기도 했습니다. 인터넷 서점에서 신간을 뒤적거리는 게 일과가 되었습니다. 그랬더니 똑같은 하루가 다르게 흘러가기 시작했습니다. 주변은 그대로였지만 저에겐 다른 의미로 다가오고 있었습니다.

박노해 시인의 《걷는 독서》에서 '꽃은 달려가지 않는다'라는 문장을 읽으니 꽃이 피는 과정이 그려집니다. 가만 생각해 보니 여태껏 꽃이 피는 순간을 본 적이 없더라고요. 몇 번의 달이 뜨고 지면 꽃은 늘 활짝 피어있었고요. 보이지 않는다고 아무 일도 일어나지 않는 것은 아니라는 것. 그 생각이 가득해지자 보이지 않는 작은 변화를 위한 움직임에 집중하는 하루를 보낼 수 있습니다. 아이들과의 순간이 의미 있게 다가옵니다. 사이토 히토리의 《1퍼센트 부자의 법칙》을 읽고는 "정말 감사합니다. 나는 참 행복해"를 매일 말합니다. 책 덕분에 행복해지고, 더 많이 읽는 엄마가 되어가는 중입니다. 《이웃집 백만장자》 중에 '부모가 자녀들에게 지시하는 것과 부모의 행동 사이에는 반드시 일관성이 있어야 합니다. 아이들은 모순을 금방 알아차리거든요'라는 말이 있었습니다. 부모의 경제 습관을 이야기하는 부분이었는데, 이 문장만 놓고 보니 돈 쓰는 부분뿐만 아니라 모든 행동에 적용할 수 있는 말이 아니겠어요? 스스로 변화하지 않으면서 아이들에게 잔소리만 하고 있진 않은지 곱씹어 보게 되더라고요.

어떤 분야 책이든 제 인생과 연결되는 경험을 합니다. 모든 책엔 생각할 거리가 있고, 나에게 해주고픈 말이 가득해요. 책 카테고리는 인위적으로 나뉘어 있지만 삶은 총체적이기에, 어떤 분야이든 제 삶과 이어져 있었습니다. 책은 가고 싶은 곳 어디로든 안내해 주는 만능 내비게이션입니다.

책 읽는 엄마가 되었더니 좋은 점이 더 있습니다. 아이들도 책을 친구로 생각한다는 거예요. 심심할 때 책을 찾습니다. 독서하고 있으면 아이들이 어슬렁거리다 옆에 붙어 앉아요. 그러고는 "엄마 무슨 책 봐?" 하며 기웃거리다 한 권 꺼내 읽기 시작합니다. 제 다리를 베개 삼아 누워 책을 펼쳐 들기도 하고요. 그러다 서로 눈이 마주치면 씩 웃으며 아이 머리를 마구 쓰다듬어 주죠. 그러곤 별말 없이 다시 책을 읽곤 하는데요, 너무나 행복한 순간이랍니다. 책을 읽다 가슴 뛰는 이야기를 만나면 나누고 싶어요. 아이들 생각이 궁금해서 그 자리에서 바로 읽어 주기도 하고, 오가며 볼 수 있는 곳에 써 놓기도 합니다. 각 잡고 공부하자는 뜻이 아니기에 흘러가듯 툭 던져보는 것만으로도 충분해요. 그저 집 안에서 오가는 말들이, 피어오르는 생각들이 희망차고 따스했으면 하는 바람입니다.

서로 공유하고 나눌 수 있다는 게 얼마나 좋게요. 아이들도 책 읽다가 저를 부르곤 합니다. 주로 웃긴 내용을 알려 줄 때가 많은데요, 교훈적이지 않아도 괜찮아요. 함께 나눌 이야깃거리가 있다는 거니까요. 독서하며 알게 된 내용을 저녁 먹으며 이야기해 주기도 합니다. 그 자체로도 신이 나지만, 저의 놀란 듯한 표정과 정말로 신기하다는 눈빛은 아이들을 더 수다쟁이로 만들어 주지요. 책으로부터 아이의 생각들이 흘러나오는 게 신기할 따름입니다.

책은 미래를 그려볼 수 있게 해주어요. 예언가가 되는 것이 아니고요, 정신없이 흘러가는 시간 속에서 큰 그림을 놓치지 않게 틀을 만들어 주는 거지요. 아이들 뒤치다꺼리하다 보면 하루가 금방 지나가 버려요. 이렇게 흘러가는 대로 사는 게 맞나 싶을 때 저를 단단히 세워주는 건, 책 한 권입니다. 파도가 잔잔해지면 먼바다가 보이듯, 독서로 마음을 잠잠하게 만들어 멀리 살펴봅니다. 먹기 좋게 가공해 놓은

인스턴트 정보도 좋지만, 오랫동안 건강하게 해줄 영양가 있는 글을 가까이해 봅니다. 책을 통해 미래를 그리고 생각을 키워봅니다. 달라진 것 없는 일상인 듯해도, 꽃은 달려가지 않듯 변화는 일어나고 있으니까요.

2

개별 특성 : 나만의 데이터 센터

안중근 의사가 순국하기 며칠 전 감옥에서 쓴 유묵이 우리나라에서 최고 비싼 글씨로 낙찰되었다는 소식을 들었습니다. 놀라웠죠. 추사 김정희 글씨야 워낙 유명하니 알겠는데 안중근의 글자에 대해서는 아는 바가 없었거든요. 미술을 잘 모르지만, 아마도 가장 예쁜 글씨여서 최고가 기록을 세운 것이 아니었을 것 같습니다. 아마도 작품이 가진 메시지와 고유성, 스토리가 있는 강인한 필체 속에서 느낄 수 있는 유일한 정신이 가치를 높게 인정받은 것이 아닐까요.

대체 불가능한 것은 자체만으로 가치 있습니다. 높이 평가 받죠. 그렇다면 누구로도 대체될 수 없는 아이의 가치를 가장 잘 알아볼 수 있는 사람은 누구일까요? 아마도 가까이서 오랫동안 보아온 저, 엄마이지 않을까 생각해 봅니다. 저는 아이가 태어난 순간부터 지금까지의 일을 속속들이 알고 있어요. 남들은 시시콜콜 알 수 없는 일도 엄마는 알고 있습니다. 짧은 순간만으로는 한 사람에 대해 온전히 알 수 없습니다. 자주 만나고, 겪어봐야 표정으로 마음을 헤아리고 뉘앙스에서 뜻을 알아차릴 수 있지요. 한 명을 깊이 이해하기 위해서는 시간을 들여야 합니다. 이런저런 일 겪어보면서요.

데이터 확보에 열 올리는 시대입니다. 데이터로 트렌드를 파악하고 사람들 마음을 읽죠. 경쟁력을 높일 수 있고요. 그런 점에서 아이에 대한 크고 작은 정보들과 경험은 너무나 소중한 자료입니다. 어디에서도 구할 수 없는 귀한 자원이죠. 그 어느 때보다도 개별화, 맞춤형 교육이 중요해진 요즘, 아이의 정보가 가득한 저는 세상에서 하나뿐인 우리 아이의 데이터 센터입니다.

두 살 터울 형제가 비슷할 법도 한데 일부러 짠 것처럼 모든 것이 반대입니다. 성격, 취향, 관심사, 심지어 원하는 식사 메뉴 조차도요.

첫째 아이는 어릴 때부터 퍼즐을 좋아했습니다. 두 돌 무렵 퍼즐을 재밌게 가지고 놀기에 새로운 퍼즐을 하나씩 사주었더니 시간 가는 줄 모르고 집중하더라고요. 모양 맞추기나 만들기, 종이접기를 좋아했고 지금까지도 퍼즐과 블록을 좋아해요. 무엇이든 손으로 만져봐야 직성이 풀리는 탓에 식겁할 때도 많았습니다. 버려진 쓰레기, 어디서 주워 왔는지 알 수 없는 돌, 이름 모를 벌레들을 겁도 없이 만지고 다니는 통에 아이 뒤꽁무니 따라다니기 바빴습니다. 잔소리도 많이 했지요. 하지만 이제는 그러지 않아요. 손끝으로 받아들이는 감각이 아이가 세상을 이해하는 통로라는 걸 알게 되었거든요.

반면 둘째 아이는 형이 좋아하는 것에 관심이 없습니다. 성별이 같으니 장난감도 물려주면 되겠지 하는 생각은 착각이었습니다. 첫째와는 달리 멜로디가 나오는 장난감을 좋아했습니다. 소리 나는 책을 듣고 또 들었고 노래 가사와 사람들의 말소리에 귀를 기울였습니다. 그것이 피아노와 악기, 글자에 대한 관심으로 넘어갔고요. 둘째 아이는 촉각보다는 청각으로 세상을 이해하는 아이라는 걸 알게 되었습니다.

각자의 방식대로 세상을 배워가는 중입니다. 같은 영화를 보고도 첫째 아이는 레고로 영화 장면을 만들고 둘째는 피아노로 OST 멜로디를 칩니다.

이렇게 일상에서의 일들이 모이면 아이들을 입체적으로 바라볼 수 있게 됩니다. 당시의 기분, 분위기, 뉘앙스 등을 잘 알고 있을 때 왜곡 없이 바라볼 수 있기에 함께 시간을 보낸 엄마가 가장 잘 알 수 있습니다. 아이가 놓인 상황에서 어떤 말을 하고 어떤 반응을 보이는지 오랜 시간 함께하며 관찰하는 거지요. 그렇기에 아이가 지금까지 쌓아온 역사는 제3자가 알기 힘든 고급 정보일 수밖에요. 이렇게 쌓인 정보들은 아이 교육에 결정적인 힌트가 되어줍니다.

아이들을 매일 관찰합니다. 무언가를 발견하고야 말겠다는 다짐이거나 매 순간 예민하게 구는 관찰자가 아니라요, 아이 행동에 눈길 한 번 더 주고 하는 말에 귀 기울이려 노력하는 거지요.

예를 들어 이런 식으로요. 잠자리 독서 시간에 두 아이를 양쪽에 한 명씩 앉히고 책을 읽어 주곤 했는데 늘 반응이 달랐어요. 첫째 아이는 그림을 먼저, 둘째 아이는 글자를 먼저 봐요. 첫째는 제 말소리를 그림에 입히고 거기에 자기 상상력을 덧붙여 책을 읽죠. 반면 둘째는 삽화 디테일보다는 단어의 뜻과 문맥을 짚어가며 이해하는 걸 좋아해요. 두 아이가 다른 성향이란 걸 반응을 관찰하면서 알게 되었습니다. 첫째 아이의 질문은 항상 그림에서 나왔어요. 이 사람은 왜 이런 표정인지, 너무 작아 잘 보이지도 않는 그림을 찾아내 무슨 의미인지 묻곤 했습니다. 그러나 둘째는 단어의 뜻과 표현을 질문했어요. '쓸쓸하다'가 어떤 감정인지, 주인공은 왜 이런 말을 하는지 궁금해했습니다. 변함없이 그랬죠. 참으로 신기하지요. 이렇게 수년간 데이터가 쌓였습니다. 이는 아이를 이해할 수 있는 든든한 자산이 되어줍니다.

정보들이 쌓이니 아이를 잘 이해하게 돼요. 하루는 예전에 방문했던 식당 이름이 가물가물한 거예요. 어디였는지 물으니 첫째 아이는 그 식당의 휴지에 그려져 있던 로고를 그려 저에게 보여주었고, 둘째 아이는 가게 이름을 먼저 말해 주는 게 인상적이었어요. 서로 세상을 인식하는 통로가 다른 두 아이의 특징들을 알면 공부 방식에도 적용할 수 있겠다는 생각이 들었습니다.

어떤 책에 집중하는지 관찰해 보는 것도 도움이 되었습니다. 각자 좋아하는 책을 모아보니 두 아이의 유머 코드가 다르더라고요. 첫째 아이는 주인공이 어리바리하거나 코딱지를 파고 똥을 밟고 넘어지는 것에 깔깔 넘어갑니다. 반면 둘째 아이는 아재개그 같이 말장난하는 걸 좋아하고요. 알고 나니 얼마나 마음이 편해졌는지 몰라요. 유행하거나, 절대 실패 없다고 추천하는 책들을 꾸역꾸역 들이밀지 않아도 되었거든요. 다른 친구들은 재미있다고 하는데 왜 너는 시큰둥하냐며 속상해할 일도 없고요.

아이들을 들여다보며 잘 키울 힌트를 얻습니다. 집에서도 맞춤형 교육이 얼마든지 가능해져요. 첫째 아이에게는 칼라 그림이 들어간 자료나 영상, 직접 만져볼 기회를 먼저 주고요. 둘째 아이에게는 탄탄한 스토리가 있는 책, OST가 아름다운 영화, 말놀이로 흥미를 이끌어줘요. 축적된 데이터 기준이 있으니 아이들에게 효과적인 방법을 적용하기만 하면 되지요. 관심을 끌어내기도 수월해졌습니다. 유명한 학원, 누군가를 성공으로 이끌었던 공부법을 무조건 들이밀지 않게 되었어요. 완벽해 보이는 프로그램이 모든 걸 보장해 주지는 않더라고요. 중요한 건 아이에게 효과적이어야 하지요. 훌륭한 커리큘럼일지라도 우리 아이가 버거워한다면 맞지 않는 활동일 뿐이었습니다.

세심하게 관찰하니 불안한 마음이 사라졌습니다. 다른 친구들도 다 하는 거라고, 앞으로 더 힘들어질 건데 이겨내야지 같은 말을 할 필요가 없어졌습니다. 아이를 관찰하다 보니 왜 지루해하는지, 효과적인 방법이 무엇인지 찾을 수 있게 되었으니까요. 깐깐하게 굴던 제가 너그러워진 것 같아요. 왜 피아노 낮은 도에서 높은 도까지 한 옥타브 음계를 동시에 누를 수 없냐며 다그치는 건 소용없는 일이지요. 능력의 문제가 아니라 시간의 문제라는 걸 알기에, 손가락이 길어질 때까지 기다리면 되는 일입니다.

마음속 데이터 센터에 아이 모습을 차곡차곡 쌓아 봅니다. 쌓인 만큼 보이고 보이는 만큼 이해할 수 있을 테니까요. 아이들 모두 가능성을 품은 씨앗입니다. 그러나 종류는 달라요. 싹을 틔우는 조건이 조금씩 다른 거죠. 각자의 방식대로 건강하게 뿌리 내릴 수 있도록 애정으로 살펴봐야겠습니다. 이해하는 만큼 가치를 빛낼 수 있는 방법도 잘 찾을 수 있을 테니까요.

3

마음 : 문을 열다

"싫어, 싫어!"

화창한 주말, 놀이공원. 세 살 정도 되어 보이는 아이가 소리 지르며 울고 있었습니다. 유모차에 타기 싫은 아이와 태우려는 부모가 실랑이하고 있었어요. 지나가는 사람들이 한 번씩 쳐다봅니다. 부모는 등줄기에 식은땀이 날 수밖에 없는 상황이지요. 아이 엄마는 어린 동생을 안고 모든 것을 포기한 표정이었습니다. 그 순간, 갑자기 아빠가 아이 팔을 끌어올려 공중에 뜨게 하더니 엉덩이를 발로 차는 것이 아니겠어요? 아이는 휘청거렸습니다. 아빠는 넘어지려는 아이를 잡고 두어 번 더 발길질을 하였습니다.

그 후로 한동안 잊고 지냈습니다. 그러다 어느 날, 아이에게 화를 잔뜩 내고 돌아서는데 문득 저 장면이 스치는 거예요. 얼굴이 화끈거렸습니다. 저 아빠와 방식은 다르지만, 감정을 있는 그대로 아이에게 쏟아낸 건 마찬가지라는 생각 때문에 괴로워졌습니다. 말과 표정, 행동으로 아이들을 억압했습니다. 엄마가 세상의 전부인 아이들에게 다시는 웃어주지 않을 것처럼 모질게 대한 적도 있습니다. 얼마나 무섭고 두려웠을까요. 더 이상 엄마에게 사랑받지 못할까 봐 겁먹진 않았을까요. 솔직한 마음을 숨기진 않았을까요.

매일 밤 아이 학원 숙제를 봐주었습니다. 공부 목적도 학습 요령도 없는 초등학교 2학년 아이를 앉혀놓고 실랑이하는 일은 모두에게 고역이었습니다. 한글 뜻조차 아리송한 영어 단어를 외우는 일이 과연 얼마나 매력적으로 느껴질까요. 아이는 해야 하는 이유도 모른 채 그저 꾸역꾸역 공부할 뿐이었습니다. 알면서도 뭉그적대는 아이를 보면 왜 이렇게 답답할까요. 집중하라 버럭 소리 지르게 됩니다. 가장 괴로운 건 아이일 텐데 마음을 들어줄 여유가 없습니다. 저는 내일 출근해야 하고 아이는 학원에 가야 하니 얼른 이 숙제를 마무리하는 것만이 유일한 목표이니까요.

삐거덕거리는 날들이 반복되었지만 아이 마음을 마주하길 미루었습니다. 솔직히 말하자면 아이가 학원을 다니기 싫다고 할까 봐 외면했어요. 그러다 보니 터놓고 말할 기회를 주지 않았고 시스템에 익숙해지면 편해질 거란 희망 회로를 돌렸습니다.

'학원이라도 다니니 매일 이렇게 공부하지. 퇴근할 때까지 아이가 시간 보내기도 딱 좋고. 학원을 바꾸는 것도 보통 일이 아니니 그냥 계속 다니면 좋겠어.'

이게 제 마음이었어요. '아이는 어려서 잘 모를 수 있어'라며 아이 생각이 비집고 들어올 틈을 주지 않았습니다.

그러다 다시 봄이 왔고, 아이들은 새 학년을 시작했습니다. 아이들을 학교에 보내고 여유롭게 커피 한잔하는데, 창밖에서 봄바람이 휙 불어왔어요. 마치 새로운 전환점을 맞이하라는 신호처럼 느껴졌습니다. 창문을 열고 청소를 시작했습니다. 책상 위가 책과 연필, 지우개 가루로 엉망입니다. 어젯밤에도 어김없이 숙제와 사투를 벌인 흔적입니다. 그래도 향긋한 커피와 봄바람 덕에 기분 좋게 콧노래 부르며 쓸고 닦았습니다. 교재를 정리하며 내용을 쓱 들춰봤어요. 새 학년 되면서 교재가 바뀌었는데 어떤 것을 배우나 궁금했거든요. 주제가 어려워졌더라고요. 역사, 정치, 사회 이야기는 저에게도 쉽지 않았습니다. 생각이 많아졌습니다. 아이가 할 만한 공부가 맞는지 확신이 서지 않았거든요. 아이 실력으로는 영어는커녕 한글로도 다루기 만만찮은 내용이었습니다. 배경지식이 많다면 재미있게 공부할 수 있을 테지만 적어도 저희 아이는 아니었어요. 열심히만 할 게 아니라 방향을 잘 확인해 봐야겠다 싶었습니다. 새로운 출발이 필요한 타이밍이었죠.

아이가 보내는 신호를 받아들이기로 했습니다. 아이가 집에 돌아올 시간에 맞춰 쿠키와 과일, 음료수를 예쁜 그릇에 담아 놓고 기다렸습니다. 묻고 싶은 게 많았거든요. 마주 앉아 이야기를 시작했습니다. 학원에 대한 솔직한 마음과 엄마에게 하고 싶은 이야기가 있는지 물었습니다. 밤마다 숙제하면서 어떤 기분이 들었는지도요. 아직 아기라고 생각했던 아이 입에서 꽤 진지한 이야기가 나옵니다. 무조건 하기 싫다 투정 부리지도 않더라고요. 나름 좋은 점과 힘든 점 구분하며 말해 주어 얼마나 고마웠는지 몰라요. 그렇게 마음의 장벽을 무너뜨리고 마주하다 보니 공부를 왜 해야 하는지, 매일 하는 공부가 우리에게 어떤 의미가 있는지 본질적인 부분까지 닿았습니다. 엄마의 고민도 터놓으면서 이해를 구하고 반성도 했습니다.

우선순위를 정했습니다. 속도보다 아이의 비전과 동기 부여에 집중하고 싶었습니다. 좋아하는 것에 집중하고 그 속에서 배움의 필요성을 느낄 수 있는 시간을 충분히 주는 것이 가치 있을 거란 생각에 이르렀습니다. 엄마가 정해주는 배움이 아닌 아이가 원하는 배움의 기회를 열어주고 싶어졌습니다. 학원에 전화를 걸었습니다. 아이는 막상 그만두려니 선생님, 친구들과 헤어질 생각에 아쉬워했지만, 우리가 생각한 우선순위에 집중하며 중심을 잘 잡아보기로 했습니다. 그렇게 따스한 봄기운과 함께 아이와 저도 새로운 마음가짐으로 한 해를 시작하게 되었습니다.

행동은 쉽게 보이지만, 마음은 애를 써서 들여다봐야 보입니다. 잘 해내고 있는 것처럼 보여도, 그 과정에 어떤 감정과 생각들이 들렀다 가는지 표현하지 않으면 알 수 없습니다. 눈에 보이는 결과가 그럭저럭 괜찮을수록 속마음은 가려지기 쉬워서, 자칫 놓치고 지나갈 수도 있고요.

솔직한 감정을 들여다보는 일은 판도라의 상자를 여는 것이 아니었습니다. 미래를 보여주는 통로를 여는 것이었어요. 소통을 통해 필요한 시간을 확보할 수 있었고 덕분에 자신만의 프로젝트에 마음껏 몰두하는 시간을 가지게 되었습니다. 만들기 활동을 좋아하니 각종 무기나 로봇, 보드게임을 만들어 동생과 놀기도 하고요. 하루 종일 과학잡지만 읽는 날도 보냈다가 문득 아이디어가 떠오르면 이야기책을 써보기도 합니다. 학년이 올라갈수록 관심사는 바뀌어 가지만 자기만의 속도로 세상을 맘껏 보고 듣고 느끼는 중입니다.

아이와의 소통 통로가 닫히지 않게 노력 중입니다. 떼쓰지 않고 의견을 표현하고 자신의 생각이 받아들여지는 경험들이 책임감 있는 아이로 만들어 주고 있어요. 기분을 자주 물어봐 주었더니 감정을 솔직하게 표현하는 일이 많아졌고요. 스스로 마음을 알아차리고 말로 행동으로 때론 음악으로 드러내 주니 얼마나 감사한지요. 아이와 연결된 통로가 계속 이어지길 바라봅니다.

4

변화 수용 : ChatGPT 나도 써보자

'디스스타의 차가운 복도가 두 전사의 대결로 달아올랐어요. 제다이 기사 레이언과 시스 군주 댄테리우스가 마주 섰고, 그들의 광선검이 푸른색과 빨간색 불빛으로 번쩍여요. 복도는 순식간에 두 사람이 휘두르는 광선검의 에너지로 가득 찼으며, 공기 중에는 전기가 튀는 듯한 긴장감이 흘렀어요. 레이언은 차분하게 깊은숨을 들이쉬며 자신의 힘에 집중했어요. 오랜 훈련이 그를 이 결정적인 순간, 마지막 전투에 서게 했어요. 그의 몸은 빠르게 움직이지만, 마음은 놀랍도록 평온해요. 레이언은 운명과 맞서 싸우기 위한 준비를 마쳤어요.'

2023년 초, 이야기 쓰기에 재미 붙인 아이와 ChatGPT를 활용해 써본 이야기 도입부입니다. 아이가 스타워즈 시나리오를 써보고 싶다고 해서 어떤 상황을 연출하고 싶은지, 배경은 어디로, 주인공은 어떤 모습을 원하는지 물었어요. 그러고는 '스타워즈 제다이가 시스와 싸우는 동화를 쓰고 싶어. 싸우는 장소는 디스스타야. 광선검으로 싸우다가 제다이가 이기는 걸로 해줘'라고 ChatGPT에 프롬프트를 입력했죠. 단 몇 초 만에 이야기가 줄줄 써 내려지더라고요. 소름 돋았습니다. 주인공의 이름과 상황 모두 인공지능이 만들어 낸 것인데요, 정말 그럴듯하지 않나요? 조금 다듬고 살붙이면 짧은 드라마 시나리오도 뚝딱 만들어 낼 수 있을 정도입니다.

2022년 ChatGPT가 출시되고 세상은 떠들썩했습니다. 그러나 저는 일상을 살기 바빴고, 삶은 어제와 똑같았습니다. 달라진 건 없었죠. 늘 그랬듯 최첨단 기술 발전은 나와는 상관없는 일이라 여겼습니다. 그러나 짧은 사이 세상은 뒤집혔습니다. 상상할 수 없었던 일들이 현실이 되고 있습니다.

ChatGPT가 보편화되기 전, 우연한 기회에 한 대학 교수의 강의를 들은 적 있습니다. 인공지능 연구가 상상을 뛰어넘는 속도로 확장되고 있는데 전공자가 부족해 인재 확보에 애를 먹고 있다는 말을 하시더라고요. 연구와 투자가 활발히 일어나는 미국에서는 인공지능 전공만이라는 이유로 졸업도 하지 않은 우리나라 대학원생을 수억 원의 연봉을 주고 데려가고 있다 했습니다. 심상치 않았습니다. 인공지능 발전은 일시적인 사건이 아니라 판을 뒤집는 변화의 시작이었습니다. 우리는 큰 변화가 시작될 역사적 전환점에 서 있는 거였죠. 이제까지 알고 있던 상식이 뒤흔들리기 시작했습니다.

그동안 새로운 핸드폰 기종이 나왔다 해도 관심 없었습니다. 그런데 이번엔 느낌이 다르더라고요. 흐름에 올라타야 함을 직감했습니다. 단숨에 이야기를 써 내려가는 ChatGPT를 보며 많은 생각을 했어요. 처음엔 마냥 신기했습니다. 한참을 신이 나서 자판을 두드리며 주거니 받거니 했습니다. 불과 2년 후, 이제는 오래 지내온 친구처럼 자연스레 대화도 나눕니다. 영화 속에서나 가능했던 일들이 일어나고 있어요. 앞으로 우리는 어떤 모습으로 살아가게 될까요.

어릴 적 할머니 집으로 향하던 길이 기억납니다. 되는대로 만들어져 제각각인 계단들을 꼬불꼬불 오르고 나서야 다다를 수 있었습니다. 돌계단, 콘크리트 계단, 높이가 들쭉날쭉한 계단들을 오르다 이름 없는 구멍가게도 들르고 이 집 저 집에서 아궁이에 불 때는 냄새 맡다 보면 어느새 반가운 초록 대문이 나타났습니다. 그런데 중학생쯤 되었을 무렵, 길이 하나둘 사라지더라고요. 그러다 차를 타고 올라갈 수 있는 길이 생겼습니다. 또 다음에 갔을 땐 몇 채의 집이 사라지고 새로운 건물이 들어서고 있었죠. 더 이상 오르막을 힘들게 가지 않아도 되었습니다. 할머니가 큰길 생긴다며 자랑스럽게 말하시던 모습이 눈에 선합니다. 시장도 편하게 다녀올 수 있고 자식들이 덜 고생하며 올 수 있다 생각하니 기쁘셨던 거지요. 그러나 저는 담벼락 낙서 보는 재미, 구멍가게 과자 보며 군침 흘렸던 기억마저 사라지는 기분이 들어 헛헛한 마음도 들었습니다. 왠지 그것만은 남겨두고 싶었달까요. 그러나 그런 이유로 변화를 거부할 수 없지요. 필요한 변화는 일어나야 하는 거니까요.

익숙함 속에 새로움을 받아들이는 일이 쉽지만은 않습니다. 그러나 어색함은 다시 익숙함으로 바뀔 것이고 삶의 일부가 될 것입니다. 즐길 수밖에요. 아이들이 살아갈 미래, 아직은 살아갈 날이 많은 저를 위해서라도요.

인공지능에 대해 알고 싶어 신문에서 책에서 새로운 AI 툴이 소개될 때마다 하나씩 사용해 보았어요. 평소 컴퓨터에 왠지 모를 공포감이 있었는데도 뭐든 해보자 마음먹으니 도전하게 되더라고요. 깊이 이해하기 어려워도 천천히 해보았습니다. 손해될 건 없다는 마음으로요. Chat GPT는 물론 DALL.E와 미드저니로 원하는 그림도 맘껏 그렸습니다. 최근엔 셀 수없이 많은 도구들이 나와 다 따라갈 수 없지만 하나씩 알아가 보는 중입니다. 얼마 전엔 아이가 학교에서 배웠다며 새로운 AI 사이트를 소개해 주더라고요. 세계적 위인들과 대화도 하고, 다양한 악기를 이용해 음악을 뚝딱 만들어내는 아이를 보면서 정말 앞으로는 새로운 세상이 펼쳐지겠구나 실감했습니다.

멀게만 느껴지던 인공지능이 친숙해집니다. 앞으로 필요한 능력은 무엇이고, 어떤 가치를 추구하며 살아가야 할까요. 여전히 정답은 모르겠어요. 그러나 분명한 건 제가 살아온 방식이 아이들에게는 유효

하지 않다는 것, 누구도 겪어보지 못한 시대를 동시에 맞이하고 있다는 것만은 확실해졌어요. 변화를 느끼며 끊임없이 고민할 부분입니다. 뿌리는 깊지만 유연하게 바람을 타는 나무처럼, 부는 바람에 몸을 맡겨야겠지요.

이 책을 쓰는 동안에도 놀라울 정도로 변화가 일어나고 있습니다. 기술뿐만 아니라 그에 따른 산업의 변화, 경제와 정치, 법과 사회 모든 분야에서 분주하게 움직이는 소식이 들려옵니다. 그에 맞춰 책을 수정하는 것이 의미 없는 수준이 되어버렸죠. 생성형 AI는 더 이상 신기하지 않고, 딥 페이크 등 사회적 문제가 발생하는 걸 보면서 앞으로 우리의 생각과 가치관이 얼마나 중요한 세상이 되어버렸는지 실감합니다.

아이들을 '대체 불가능한 존재'로 키워야겠다는 생각이 강해집니다. 식수로 고통받는 이웃의 모습을 보고 물을 안전하게 마실 수 있는 방법을 찾아낸 '기탄잘리 라오'처럼, 이 시대에는 문제를 발견하고 해결하려는 자세를 가진 아이들이 필요합니다.

세상에 대해 무관심하고 생각 꺼내는 일을 귀찮아하는 학생들을 종종 만납니다. 그런 모습을 보며 호기심을 죽여 버리는 말, 정형화된 틀에 가두어 버리는 말들은 하지 않겠다고 다짐합니다. 비록 엉뚱하고 어설프더라도 아이의 시선으로 만들어지고 있는 생각 덩어리가 망가지지 않게 최대한 지켜주려 합니다. 생각의 모양이 삐죽하다고 잘라낼 것이 아니라, 더 멀리 뻗어나가게 할 수 있도록 격려와 적절한 자극을 충분히 주는 엄마가 되기 위해 오늘도 공부합니다.

5

질문 : 함께 묻고 꿈꾸다

"올리브는 과일이야, 채소야?"

"동물들도 꿈을 꿀까?"

아이들의 질문이 쏟아집니다. 흘려보낸 질문까지 싹싹 긁어모으면 매일 노트 몇 장씩은 거뜬히 채울 수 있어요. 어떻게 이렇게 보이는 것마다 물음표를 붙일 수 있는지 신기할 따름입니다. 커가면서 관심사가 달라질 뿐 세상에 대한 호기심은 여전합니다.

검색만 하면 답을 얻을 수 있는 시대라지만, 우리 집 아이들의 최고 검색 엔진은 여전히 엄마입니다. 밥을 먹다가도 길을 가다가도 질문을 쏟아냅니다. '아이들 질문이 별게 있겠어?' 하지만, 가만 들어보면 흥미로운 질문들이 많아요. 쉽게 답할 수 없는 것들도 많고요. 살면서 한 번도 생각해 보지 않았던 것을 궁금해하기도 하지요.

어린 시절, 어른들은 모든 걸 알고 있다 생각했습니다. 그러나 현실은 그렇지 않더라고요. 과학 관련 질문에 곧바로 답해주지 못하는 때도 많아서 진땀 흘리기도 합니다. 아이의 기대에 찬물을 끼얹는 것만 같아 부끄러워져요. 그런데 엄마는 뭐든 다 알고 있어야 하는 걸까요? 모든 분야에 지식과 이해가 있으면 좋겠지만, 그건 불가능에 가깝다 생각합니다. 아이가 커갈수록 질문의 수준이 높아져서 짧게 답할 수 없는 것들이 많아졌고요. 단순 지식이 아닌 입장과 의견을 말해야 할 때도 있고요. 그럴 땐 당당하게 모른다고 인정합니다. 그러고는 함께 찾아보자고 해요.

아이가 어린이 잡지의 최신 기사를 읽고 질문할 때가 있습니다. 새로 발견된 곤충의 습성, 최근 인도가 탐사한 달 남극의 환경에 대해 물어보는데 저도 들어본 적 없으니 난감하더라고요. 그렇다고 단번에 엄마는 모르니까 네가 찾아봐, 이렇게는 못 하겠고요. 그럴 땐 저만의 필살기를 자주 씁니다. 바로 질문 돌려주기에요.

"그러게, 왜 그럴까?"

이 한마디면 돼요. 그러면 아이는 답을 찾으려 생각해요. 이건 제가 학교 수업 시간에도 자주 쓰는 수법인데요, 답해주지 않고 질문을 다시 넘겨 버리는 거예요. 신기하게도 왜 다시 물어보냐고 짜증 내는 학생은 지금까지 단 한 명도 없었습니다. 우리는 질문을 들으면 자동으로 답을 찾는 회로가 작동돼요. 그렇기에 이렇게 질문을 돌려주기만 해도 효과가 있어요. 더 깊은 생각으로 나갈 수 있게 해주어요. 이렇게 몇 번 대화를 주고받다 보면 스스로 답을 알아내기도 합니다. 미처 생각하지 못했던 부분까지 생각해 보고요. 궁금증이 이어져서 질문에서 또 다른 질문이 태어나기도 합니다. 답을 찾지 못해도 괜찮아요. 이 과정 속에서 생각하는 힘이 길러지고 있으니까요.

아이에게만큼은 수다스러워져요. 길을 가다가도 "저 나무는 왜 휘어져 있을까? 무슨 일이 일어난 걸까?" "여기 개미들이 많아. 뭘 하고 있는 걸까?"처럼 지나칠 법한 것, 당연한 것도 질문해 보곤 합니다. 아이 관심사와 연결해서 질문하면 효과 만점이에요. 좋아하는 캐릭터나 친구 이름이 등장하면 몰입도 최고죠. 유치해 보여도 아이들은 더 집중하고, 편하게 이야기를 꺼내더라고요. 덕분에 우리 집에서는 질문이 끊임없이 쏟아져 나온답니다. 아이들의 기습 질문에 답을 못할 땐 엄마도 너무 궁금하다며 함께 찾아봐요. 아이는 타박 주지 않고 오히려 의견을 자신 있게 말해요. 새로운 사실을 얼른 알려주고 싶어 쪼르르 달려오기도 하고요. 덕분에 엄마도 알게 되었다는 말 한마디에 아이는 세상 뿌듯한 표정을 짓곤 합니다.

하와이에서 한 관광객이 내비게이션이 알려주는 대로 운전하였는데 차가 바다에 빠지는 사고가 났다는 뉴스를 본 적이 있습니다. 다행히 관광객은 무사하였지만 얼마나 황당한 일인가요. 내비게이션이 안내하는 길이 진짜 길이 아닐 수 있다는 생각은 그 누구도 하지 못했을 거예요. 우리 삶도 이렇게 흘러가고 있는 건 아닌지 생각해 봅니다.

'내가 도달하고 싶은 목적지는 어디지?'

'가장 빠른 길로 가고 싶은지, 새로운 길로 가고 싶은지?'

스스로 계속해서 묻고 답을 찾아봅니다.

질문의 힘은 강력합니다. 때론 한계를 깨는 망치와 같고, 생각의 빈틈을 깊숙이 파고드는 송곳과도 같습니다. 날개를 달아주어 높이 날아오르게 하고, 다리에 모터를 달아주어 멀리 나아가게도 하고요.

저와 아이들은 이렇게 시시콜콜한 질문으로 하루를 채워갑니다. 세상으로 향하는 다양한 창을 열어보는 거지요. 아직은 조금 더 뻗어나가는 아이의 생각이 뛰놀 수 있게 하고 싶어요. 궁금한 것이 많은 아이길 바라거든요. 알고 싶은 것을 묻고 알아가는 과정을 즐겼으면 해요. 그런 태도를 가진다면 조금 더 나은 세상을 만드는 데 도움을 줄 수 있는 사람으로 성장할 수 있지 않을까요.

"엄마는 어릴 때 하늘을 날면 어떤 느낌일까 궁금했어. 네 생각은 어때?"

6

자신감 : 작은 성공, 나를 믿는 힘

'백 일 대장정을 마치며'라는 글을 블로그에 발행했습니다. 그날은 백 일 동안 하루도 빠짐없이 책 읽고 블로그에 글을 쓴 마지막 날이었습니다. 혼자만의 프로젝트였습니다. 스스로 한 약속에 마지막 마침표를 찍던 순간, 그 짜릿함이 아직도 생생합니다. 아무도 모르는 홀로 여정이었지만 주말에도, 피곤한 날에도, 여행을 가서도 하루도 거르지 않고 해냈습니다. 백 일이 뭐 대단한 거냐 싶지만 이 작은 성취는 터닝 포인트가 되었습니다. 스스로 꽤 괜찮은 사람이란 생각이 들었거든요. 뭐든 해낼 수 있겠다는 자신감도 생겼고요. 남들에게는 아무 일도 일어나지 않은 것처럼 보일 거예요. 그러나 저에게는 달랐습니다. 의미 있게 느껴지는 작은 해냄이 의미 없는 시간들을 걷어낼 수 있게 해주었습니다. 마음속 열정을 따라가 보며 행복한 꿈도 꾸어보고요, 무엇보다 스스로를 귀하게 여길 수 있게 되었다는 것이 가장 큰 변화입니다.

해보니 알겠습니다. 아이들에게도 자그마한 성취가 전환점이 될 수 있겠다는 걸요. 사소해 보이는 해낸 경험들이 쌓이다 보면 아이들에게 엄청난 힘을 줄 수 있겠다는 것을요. 그래서 뭐든 두려워 말고 도전해 보라고 아이들에게 자신 있게 말해 줄 수 있습니다.

많은 형제자매가 그렇겠지만, 둘째 아이의 라이벌은 형입니다. 뭐든 형과 비교하고 실력 차이가 나면 "난 못해" 해버리더라고요. 형만큼 그림도 잘 그리고 싶고 만들기도 잘하고 싶은데 두 살 차이 짬밥을 이기기가 쉽나요. 기분 좋게 시작해서 짜증으로 마무리하는 날이 다반사였습니다. 엄마로서 가만 보고 있을 수 없어 네 작품도 충분히 멋지다고, 두 살 더 많아지면 형보다 잘할 수도 있겠다며 칭찬과 위로의 말을 잔뜩 해줬습니다. 나름 진심을 담아 이야기해 준 것인데 소용없더라고요. 아이 입장에서는 뻔한 말이었나 봐요. 아이에게 기계적으로 똑같은 말을 반복하는 것은 의미 없었습니다.

그래서 방법을 바꿨습니다. 저의 어릴 적 이야기를 들려주기 시작했어요. 줄넘기를 못했었지만 연습해서 잘하게 된 이야기, 피아노 연습이 힘들었지만 요령 부리지 않고 꾸준히 연습해 상을 받을 수 있었던 이야기, 그리고 용기 내어 글을 쓰고 있는 이야기를 하나씩 해주었습니다. 결국 해낼 수 있었던 건 다른 친구와 비교한 것이 아니라 어제보다 조금 더 잘하는 나를 그렸던 마음 덕분이라고 말해 주었습니다. 아이의 눈이 반짝였습니다. 엄마도 나와 같은 마음이었을 때가 있었다는 게 신기한 눈치더라고요. 틀에 박힌 응원보다 저의 솔직한 이야기가 더 힘이 된다는 걸 느낄 수 있었죠. 단박에는 아니었지만 시간이 지날수록 아이의 불평이 줄어들었습니다. "난 못해"라는 부정적 말 대신 "이 정도면 꽤 괜찮지 않아?"라는 말을 하기 시작하더라고요. 얼마나 놀랐는지 모릅니다.

그림이 마음에 들지 않더라도 꾸준히 그리다 보면 한두 개쯤은 그럴싸한 작품이 나오는 걸 경험하더니 아이는 조금씩 변화해 갔습니다. 형도 옆에서 잘했다고 칭찬해 주니 얼마나 기분 좋아요. 자신감이 생겼는지 이제는 만든 그림책을 읽어보라며 보여주기도 해요. 그전에는 절대 보여주지 않았었거든요. 그렇게 아이는 자신감 가득 안고 '그림 못 그리는 아이'라는 생각에서 스스로 벗어났습니다.

아이가 다음 주 학교에서 '가을 동요 부르기'를 한대요. 일주일 남았으니 집에서 조금씩 연습하면 되겠다 싶었어요. 〈도토리〉로 결정하고 반주에 맞춰 불러보려는데 부끄럽다고 쭈뼛거려요. 그렇게 미루고 미루다 발표 전날이 되었습니다. 이러다 정말 안 될 것 같아 아이 붙잡고 한 소절씩 연습을 시작했어요. 마지못해 입을 뗐지만, 목소리가 들리지 않을 정도였어요. 오른쪽 발이 자꾸만 왼쪽 발 뒤로 숨고, 양 어깨는 어디로 가야 할지 몰라 흔들거려요. 그 마음을 너무나 잘 알아요. 저도 그랬었거든요. 교실 앞에서 친구들과 선생님이 나를 쳐다보는 가운데 노래 불러야 하는 상황을 생각하면 진땀이 나요. 제가 느꼈던 어린 시절 그 기분을 지금 아이가 느끼고 있겠지요. 아이 두 손을 꼭 잡았습니다. 그리고는 어린 시절 피할 수 없었던 그 순간, 저의 이야기를 들려주었어요. '하기 싫으면 하지 마'가 아니라 '막상 해보면 별것 아니다'라는 걸 말해 주고 싶었습니다.

"그래서 엄마는 어떻게 했어?"

"엄마는 책으로 얼굴을 가리고 불렀어. 그리고 '할 수 있다'고 계속 주문을 외웠지."

다음 날 학교에서 돌아오는 아이의 표정이 밝습니다. 묻지도 않았는데 나 오늘 노래 불렀다며, "괜찮았어" 한마디 툭 던지고 갑니다. 옛날 옛적 이야기처럼, 저의 어린 시절 이야기가 아이에게 전해집니다. 그 이야기가 용기를 주고 작은 성공의 발판이 되는 걸 봅니다. 두부 한 모 사 오기 심부름 성공해서 칭찬받았던 일, 포기하고 싶은 마음이 들 때쯤 기적처럼 자전거를 탈 수 있게 되었던 일처럼 사소하고도 흔해 빠진 에피소드가 어쩌면 아이에게는 해리포터가 적을 물리친 이야기보다 더 용기 낼 수 있는 이야기일지 모르겠습니다.

아이와 함께 작은 성취를 쌓아가는 중입니다. 성취 탑이 높아지는 만큼 자신감도 커져 갑니다. 난 할 수 있다는 믿음이 커지는 만큼 넘어지는 것이 두렵지 않습니다. 다시 일어날 수 있으니까요.

아이가 수십 명 앞에서 공연을 하게 되었습니다. 날이 다가올수록 아이는 긴장했지만 포기하지 않았습니다. “엄마, 떨림을 즐겨야겠어”라는 아이 말에 얼마나 감동했는지 몰라요. 오히려 제가 괜한 걱정을 하고 있었더라고요. 아이는 생각보다 강했습니다. 해낼 수 있다는 마음을 가진 아이는 정말로 해냈습니다. 작은 성공 경험을 하나 더 쌓았습니다. ‘나 좀 멋진데!’라고 생각하는 아이가 그날따라 더 멋져 보였습니다. 그렇게 아이는 스스로 이겨낼 수 있는 힘을 키워 나가는 중입니다.

자신감은요, 마음에 바람을 일으켜 몸을 움직이게 해요. 물결을 일으켜 먼 곳으로 나아갈 수 있게 합니다. 자신감이 가진 에너지는 계속해서 흘러갑니다. 오르락내리락 시소를 탄 모습처럼 저에게서 아이에게로, 아이에게서 다시 저에게 전달되지요. 이왕이면 아이에게로 흘러가는 에너지가 긍정적이었으면 합니다. 아이들에게서 전해오는 에너지도 그러기를 바라고요. 우리 사이 흐르는 긍정에너지는 좋은 일이 끊임없이 일어나는 원천이 되어 단단하고 큰 자산이 되어줄 것입니다.

7

기다림 : 쉬어가도 괜찮아

아이가 로봇 그리기에 몰두한 적 있습니다. '헬로 카봇'에서 시작한 로봇 사랑이 나만의 로봇 만들기로 확장된 것이지요. 팔을 구부렸다 폈다 하며 어느 포즈가 더 멋있는지, 빨간색이 좋을지 파란색이 좋을지, 가장 멋진 로봇을 만드는 연구원이 되어 세상 진지하게 빠져들었습니다. 머릿속에 그린 아이디어를 종이에 그려 나갔습니다. 그런데 이상했어요. 발을 먼저 그리더라고요. 마음에 꼭 드는 완벽한 발을 완성하고 나서야 다리, 몸통, 팔 순서로 그리기 시작했죠. 마음에 들지 않으면 다음 단계로 넘어가지 않고 오른쪽 발 하나를 그리기 위해 몇 번이나 지우고 고쳤습니다.

요령이 없다 생각했어요. 도와주고픈 마음에 전체를 먼저 스케치해 놓고 꼼꼼히 그려나가 보자고 제안했어요. 그런데 한 고집하는 아이 귀에 제 말이 들릴 리가 있나요. 자기 방식을 고수하더라고요. 설득하다 지친 저는 지켜보기로 했습니다. 아니나 다를까 완벽한 발과 다리만 실컷 그리다 몸통과 얼굴이 없는 로봇이 되었습니다. 우여곡절 끝에 겨우 완성한 로봇 그림은 한쪽으로 기울어져 있고요. 멋있기는커녕 서 있기도 힘들어 보이는 우스꽝스러운 로봇이 되어버렸죠. 부분만 떼어 놓고 보면 완벽한데 말이에요.

아이는 속이 상했습니다. 완성되지 못한 그림만이 쌓여갔죠. 그러던 어느 날, 무슨 바람이 불어서인지 머리부터 그려보기 시작하더라고요. 인쇄된 그림 위에 기름종이를 대고 전체 테두리를 따라 그린 후 원하는 디자인으로 채워 넣어 보기도 하고요. 이런저런 시도 끝에 이제는 꽤 균형 잡힌 그림을 그릴 수 있게 되었습니다. 전체를 보게 된 덕분입니다.

아이들 인생 스케치북에 어떤 그림이 그려지고 있을지 궁금합니다. 하루는 아이가 "나는 하고 싶은 일이 왜 이렇게 많을까" 하더라고요. 머릿속에 그려졌다 지워지고, 또다시 채워지는 그림들이 많은가 봐요. 당장 멋들어진 작품을 만들어가지 않아도 그리고 싶은 것이 많다는 사실에 감사했어요. 꿈꿀 수 있는 가능성이 많은 것이니까요.

이왕이면 충분한 시간을 두고 그리면 좋겠습니다. 누구보다 몰두하고 충실했지만 균형이 무너진 로봇 그림처럼 되지 않았으면 하거든요. 다양한 방법과 각도로 그렸다 지워보며 자신만의 작품을 맘껏 다뤄보는 시간을 가졌으면 합니다. 친구들 따라 허겁지겁 그리지 않으면 좋겠어요. 아이만의 속도대로, 개성이 충분히 담긴 그림이 되길 바라요. 모조품이 아닌, 진짜 그림의 주인이 되길 바라니까요.

우리나라의 최고 높은 랜드마크인 롯데 타워에 갔을 때 일입니다. 꼭대기로 향하는 엘리베이터를 타러 걸어가는데 여기저기 눈길을 끄는 전시들이 있어요. 이 건물의 역사에 대한 전시였습니다. 그동안 감탄을 연발하며 사진을 찍으면서도 이 건물이 세워지기까지 얼마나 오랜 시간이 걸렸는지, 어떤 과정을 거쳤는지 알지 못했습니다. 처음에는 지금의 모습이 아니었다고 해요. 1989년부터 무려 약 30년 간 다양한 모습으로 디자인이 바뀌었더라고요. 뾰족한 첨탑 모양, 에펠탑 모양, 둥근 공을 떠받치는 모양, 스크류바처럼 꼬인 모양 등 계속 바뀌어 왔습니다. 최종적으로 한국의 붓 모양을 형상화한 지금의 롯데 타워 모습으로 결정되었고, 약 7년 후 123층 높이의 건물로 탄생하게 되었다고 합니다.

각 나라에서 서로 높은 건물을 지어 올리겠다고 경쟁합니다. 그 때문에 '최고 높이 건물'이란 영광스러운 타이틀은 오래 가지 않아 바뀌고 있습니다. 최고의 순간은 오래 가지 않아요. 그렇기에 경쟁에 눈이 멀어 허겁지겁 공사를 시작하는 것보다 튼튼하고 내실 있게 지어 올리는 것이 오랫동안 영광을 누릴 수 있는 길인 것 같아요. 그 속에 담긴 역사와 의미는 영원하니까요. 더 나은 결과를 위해 충분한 시간을 들이고 고민한 과정이 있었기에 흉물이 아닌 세련된 영광을 누릴 수 있는 것이 아닌가 싶습니다.

자라나는 아이들도 마찬가지라 생각했습니다. 당장 무언가를 빠르게 지어 올리지 않더라도 아이들은 저들만의 토대를 단단하게 다지고 있는 중이었습니다. 알맞은 온도와 적절한 습도를 기다렸다 마침내 싹을 틔우는 식물처럼, 땅속에서 깨끗한 물을 머금으며 조금씩 세상에 나올 준비를 하고 있는 것이지요.

이제 막 십 년 남짓 살아온 아이들에게 중요한 것이 무엇인지 고민합니다. 의학 기술의 빠른 발전으로 몇 세 시대가 될지 가늠하기 어려울 정도이지만, 매일 풀어야 하는 문제집이 백여 년 남은 아이 인생을 결정짓진 않을 것이란 생각이 듭니다. 아이를 어떻게 키워야 할지 고민하다 보니 '나는 어떤 삶을 살아야 하지?'에 이르렀습니다. 저 또한 아직 인생의 절반도 살지 않았더라고요. 엄마가 되었지만 제 인생 스케치북엔 여전히 여백이 많습니다. 아이와 저는 함께 미래를 맞이하고 있는 동반자입니다. 먼 훗날, 성인이 된 아이 곁에 서 있는 저를 상상해 봅니다. 어떤 모습일까요. 십수 년 전 과거에 머무르고 있는 엄마의 모습일까요, 함께 성장하고 있는 엄마일까요. 그 결과는 지금의 저에게 달려있을 것입니다.

선행학습이 기본값이 되어버린 분위기에서 아이를 소신 있게 키우기가 만만치 않습니다. 초등학교 1학년 학생이 분수와 소수 연산을

막힘없이 해내는 영상에 댓글이 순식간에 달렸습니다. '우리 애는 아직 더하기 빼기도 못 하는데 어쩌죠?', '어떻게 하면 그렇게 진도 나갈 수 있나요?'라고요. 기준이 높아지면 마음이 급해지고, 기초 공사는 부실해질 수밖에 없습니다. 급해질수록 흔들리지 않는 중심 잡기가 필요합니다. 꾸준하게 내실을 다지는 시간, 충분히 밑그림 그려볼 수 있는 시간을 놓쳐서는 안 되겠습니다. 가치 있는 작품은 한순간에 나오지 않습니다. 그렇기에 바쁘게 달려가다가 잠시 멈춰보는 것도 괜찮아요. 고민하고 설계해 가는 시간이 미래를 튼튼하게 만들 테니까요.

비가 부슬부슬 내리는 날, 아이와 시내 나들이를 했어요. 구경도 하고 쇼핑도 하며 꽤 걸었죠. 한 시간쯤 지나자 다리가 아프다더라고요. 아이스크림 하나씩 사 들고 벤치에 앉았습니다. 한입 가득 달콤함이 퍼지며 다리 긴장도 풀렸습니다. 고개를 들어보니 우산에 가려졌던 사람들의 표정도 보이고요. 아이와 한참을 앉아 이야기했습니다. 쉬어가니 힘이 납니다. 오가는 사람들 속에서 얘기하다 보니 아이도 언제 다리가 아팠냐는 듯 씩씩하게 일어나 걸어갑니다. 힘들면, 잠시 쉬어가도 괜찮습니다.

8

감사 : 하루를 바꾸는 마음

“제발 조심해. 옷에 다 튀었잖아.”

방금 갈아입은 옷이 더러워져 아이에게 짜증을 내고야 말았습니다. 밤이면 내일은 다정한 엄마가 되겠다고 마음먹지만, 끝없는 뒤치다꺼리에 결심은 잊히고 맙니다.

저의 도피처는 욕실입니다. 딱 십 분만 조용히 있으면 살 것 같아요. 간식 내어주고는 재빨리 욕실로 향합니다. 이건 ‘엄마 혼자 있고 싶어’의 표현이지만 아이들이 알아차릴 리가요. 제발 쉴 시간을 주길 간절히 바라지만 “엄마, 마이쮸 먹어도 돼?”라며 욕실 문을 열어젖힙니다. 따뜻한 욕실 온기와 저의 인내심은 홀랑 밖으로 나가버리고 맙니다.

만성 피로, 낮아진 자존감이 번갈아 가면서 저를 괴롭혔습니다. 애써 외면하며 벽을 쌓고 있었는데 와르르 무너지는 순간, 불똥이 튀기 시작했습니다. 아이들에게도 예외가 아니었습니다. 날카롭게 말하지 않아도 될 상황인데 모진 말이 나왔습니다. 아이 마음을 먼저 물어본다는 것이 한숨부터 나왔습니다. 변화가 필요했습니다. 무기력한 하루의 굴레를 벗어날 수 있는 강력한 무언가가 절실해졌습니다.

무작정 책을 펼쳤습니다. 장식으로만 꽂혀있던 책들을 살펴보기 시작했습니다. 평소 책 욕심이 있다 보니 한두 권씩 사놓은 책들이 꽤 되더라고요. 매일 조금씩 읽기 시작했습니다. 어릴 적 동네 도서관에 가면 마음 부자가 된 듯했습니다. 오래된 종이 냄새, 고요한 가운데 들리는 사각사각 연필 소리는 왠지 모르게 감동이었죠. 그때 느낌을 다시 느꼈습니다. 읽다 보니 성공한 사람들에게는 공통점이 있더라고요. 하나같이 감사하는 마음을 적극적으로 표현했다는 것이었어요. 여태껏 감사의 중요성에 대해 깊이 생각하지 않았습니다. '감사'가 한 사람의 인생을 바꾸는 데 결정적인 역할을 한다는 걸 책을 읽으며 알게 되었습니다.

일상에서 감사할 일을 찾다 보니 자연스레 나쁜 점보다 좋은 점에 집중하게 되었습니다. 주어진 하루가 더 사랑스럽게 보였습니다. 앞면만 보는 것이 아닌 옆, 뒤를 살펴볼 수 있는 여유가 생겼습니다. 얼마나 감사한 일인지요. 덕분에 기분 좋게 하루를 시작합니다. 분주했던 아침이, 평온한 음악이 흐르고 여유 있는 대화까지 나누는 시간으로 바뀌었습니다. 아이들의 아침도 덩달아 변했습니다. 어려운 영어 동화 대신 피아노 연주로 하루를 시작합니다. 오늘 체육 시간에 달리기 선수를 뽑을 거란 소식, 학교에서 친구에게 미니카를 접어주기로 약속했다는 사실도 알려 줍니다. 여유 속에 오늘을 미리 그려보는 아이들입니다. 신기한 경험입니다. 겨우 일어나서는 피곤하다며, 왜 이제 깨워줬냐며 짜증을 내던 아이들이 먼저 일어나 책을 읽고 그림을 그리며 저마다의 하루를 시작하다니 말이에요.

둘러보니 감사한 일들이 넘쳐납니다. 밥을 맛있게 먹는 것, 감기가 나은 것, 즐거운 마음으로 학교에 가는 것. 모두 감사한 순간입니다. 아이가 스스로 숙제하는 모습조차 감사합니다. 진심으로 감사하니 고맙다는 말이 절로 나오게 됩니다. 빨래를 함께 개어주는 아이에게 "고마워. 덕분에 빨리 끝났네. 엄마 기분이 정말 좋아" 하며 끌어안고 뽀뽀를 해주었습니다. 아이는 웃으며 "진짜 내가 도와줘서 좋아?"라고 초롱초롱한 눈빛으로 묻습니다.

작고 소중한 순간들을 알아보지 못하고 지나쳤던 날들을 반성합니다. 엄마와 함께하고픈 아이들의 마음을 몰라주었던 제가 바보 같았습니다. 아이들은 빛나고 있더라고요. 보석을 가득 품고 있는데 부정적인 감정에 가려 보이지 않았던 것이었습니다. 조금씩 걷어내니 사이로 빛이 들어오기 시작합니다.

무뚝뚝한 첫째 아이가 고맙다는 말을 많이 해요. 종이 빨대 꽂기가 힘들어 도와주었더니 "고마워", 키위를 깎아 주었더니 "고마워요" 합니다. 저는 그 말을 해준 것이 감사해서 "고맙다고 말해줘서 고마워"라고 말해 주고요. 작은 것에 감사할 수 있다는 건 큰 힘이 됩니다. 아이가 살아가면서 분명 저처럼 마음 힘든 날들이 있겠죠. 이럴 때 시련을 딛고 일어설 수 있는 힘은 바로 희망을 볼 수 있는 눈일 거예요. 아이에게 조금씩 스며드는 감사, 그에 따라오는 공감하고 배려하는 태도는 고스란히 아이를 빛내줄 테고요.

하루를 대하는 마음은 쌓여 나를 만들어 줍니다. 나를 일으킬 수 있는 에너지, 즉 감사와 긍정의 힘은 쉽게 무너지지 않는 탑을 쌓게 해줍니다. 감사하는 마음은 단순한 덕목 이상의 힘을 가진다 생각합니다. 미래를 결정짓는 중요한 핵심일 수도 있고요. 다른 사람을 이해할 수 있는 눈을 가질 수 있게 해줘요. 긍정적인 태도를 심어줍니다. 개인의 행복에서 함께 행복한 우리로 이어지게 해주는 출발점이 되는 것이지요.

감사하는 마음으로 하루를 보내는 아이의 미래는 밝습니다. 실패에서도 감사를 느끼고, 다시 도전할 수 있는 용기를 가질 수 있을 테니까요. 끊임없이 자기를 다듬고 성장해 나갈 테니까요. 나아가 나만 보는 것이 아닌 우리를 볼 수 있는 눈을 가진 사람이 될 수 있습니다.

9

믿음 : 결국 해낼 거야

아이 핸드폰을 몰래 들여다본 적 있습니다. 온라인 게임을 하지 않는 아이인데 한동안 유난히 게임 이야기를 많이 하더라고요. 놀이터에서 친구들이 게임만 해서 심심하다, 친구 누구도 한다는 둥 말도 길어지고요. 자기도 하고 싶다는 뜻이겠지요. 아니나 다를까 친구들이 알음알음 알려준 방법으로 오프라인에서 할 수 있는 게임을 몰래 했더라고요. 하루 이삼십 분 정도요. 저 몰래 했다 생각하니 기분이 썩 좋지 않았습니다.

그때가 아이 초등학교 2학년 때였어요. 제 기준으론 게임을 하기엔 이른 나이였지요. 친구들이 하니까 하고 싶었겠구나 생각이 들면서도, 아직은 자기 조절이 미흡한 아이에게 계획 없이 게임을 접하게 할 생각은 없었습니다. 아이를 앞에 앉혀 놓고 조심스레 얘기를 꺼냈어요. 제 나름대로는 놀라지 않게 대화 시뮬레이션도 미리 돌려봤는데, 아이는 도둑이 제 발 저린 듯 불편해하더라고요. 제가 평소 온라인 게임만큼은 단호하게 안 된다고 했기에 화가 났다 생각했을 수도 있었을 것 같아요. 스스로 관리할 수 있는 힘이 생기면 하자고 약속한 뒤, 대화를 가장한 일방적 훈계는 그렇게 마무리되었습니다.

그 뒤로 아이에게 이 일은 끝이었습니다. 그러나 저는 그렇지 못했나 봐요. 몇 번 더 불쑥 의심하는 마음이 솟아올랐습니다. 그러다 '나 뭐하는 거지' 싶더라고요. 정작 아이는 저와의 약속을 잘 지키고 있는데 엄마가 믿지 못하는 꼴이라니요.

"우리 딸 믿어."

부모님은 늘 저를 믿는다고 했습니다. 무슨 근거로 그렇게 확신하셨는지 잘 모르겠지만 말은 부드러우면서도 표정은 확고하셨습니다. 어린 나이였지만 빈말이 아니라는 걸 알 수 있었죠. 그래서였을까요. 스스로 고민하고 결정 내리는 것이 당연히 여겨지곤 했습니다. 따라오는 책임도 제 몫이었고요. 부모님은 저에게 숙제를 언제 할 건지, 용돈을 어디에 쓸 건지 일일이 묻지 않으셨어요.

"아빠 딸, 엄마 딸인데 못할 일이 뭐가 있어."

아빠가 자주 하시던 말입니다. 지금 생각해 보면 아빠 딸, 엄마 딸에 무슨 특별한 점이 있는 것도 아닌데, 이상하게 그 말에 힘을 받곤 했습니다. 마음먹고 몰입하면 해내지 못할 일은 없다 생각했어요. 중학교 시절 친구들이 저를 수행평가 왕이라 불렀었습니다. 그 시절 예체능 과목 수행평가 비중이 컸었는데 뜀틀, 작곡, 수묵화 모두 만점을 받곤 했거든요. 애초에 전혀 소질이 없는 것들이었지만 '연습하면 되지'라고 생각했던 게 큰 힘이 된 것 같아요. '그래, 못할 것도 없지'라는 마음으로 해내게 된 경험들 덕분에 지금도 믿음이 가져다주는 힘을 믿습니다.

아이가 일주일에 한 번 미술학원에 가는데요, 정확히 9주째 같은 작품을 만지작거리고 있어요. 눈에 보이는 진전이 없습니다. 완성까지 가려면 아직 한참 남았습니다. 도대체 무엇을 만드느냐고요? 영화 《해리포터와 마법사의 돌》에서 헤르미온느가 마법 지팡이를 들고 '알로호모라!' 외치며 자물쇠를 여는 장면이 나오는데 이걸 재현해 보고 싶대요. 자동 열림 장치와 상자를 만드는 거죠. 마법 지팡이와 상자는 쉽게 만들었는데 지팡이를 갖다 댔을 때 저절로 장치가 열리게 하는 부분이 생각대로 되지 않나 봐요. 속으론 이런 생각이 들었죠. '만들 수는 있는 건가? 차라리 다른 걸 만드는 게 나을 것도 같은데' 두 달 회비가 이렇게 날아가나 생각도 들었고요.

아이에게 살포시 물어봤어요. 미술학원 재밌냐고요. 제 딴엔 대답이 시원찮으면 이참에 그만두게 하려는 의도가 들어가 있었습니다. 눈을 동그랗게 뜨며 저를 쳐다보더라고요. '당연한 걸 왜 물어보는 거지?'라는 표정을 지으면서요. 절대 그만두지 않겠다는 말을 재빨리 덧붙여요. 그러고는 머릿속에 구상하고 있는 도면, 지난주에 시도한 방법, 앞으로 계획에 대해 자세히 이야기합니다. 아이는 자신감 넘쳤습니다. 얘기를 들어보니 두 달 넘는 시간 동안 제자리에 있던 것이 아니더라고요. 마음처럼 되지 않지만 새로운 방법을 시도해 보며 집중하고 있었습니다. 조금만 더 하면 해낼 수 있다는 확신에 찬 아이의 말을 들으며 저의 생각도 바뀌었습니다.

혹여 저의 말과 눈빛이 안 되는 걸 왜 자꾸 하고 있냐는 질책을 전달했을까 봐, 실패할 거라는 암묵적인 메시지를 주었을까 봐 마음이 불편해졌습니다. 머쓱한 마음에 말이 길어졌습니다. 아이디어 괜찮다고, 느낌이 좋다고, 왠지 성공할 것 같다고 말이에요. 엄마는 너를 믿는다는 마음을 전달하고 싶었습니다. 아이도 씩 웃으면서 말해요. 자기도 할 수 있을 것 같다고요. 혹시 잘되지 않더라도 끝까지 만들 거라고요.

해낼 수 있다 믿으면 아이는 해냅니다. 스스로 해낸 경험은 귀한 자양분이 되고요. 성취감은 물론이고 능력에 대한 확신, 믿음, 용기를 가진 사람이 될 수 있습니다. 선택에 대한 책임감도 느낍니다. 책임감이 있는 아이는 결코 게으르지 않아요. 필요한 행동을 하고, 필요에 의한 공부를 해나가는 힘의 토대가 됩니다.

한 걸음 물러나 아이를 바라보려 노력합니다. 어제와 별반 달라진 것 없어 보이는 아이를 보며 이렇게 놔둬도 될까 불안하기도 합니다. 답답해서 도와주고 싶은 충동도 생깁니다. 그렇지만 한 번만 더 생각해 보면 이내 마음이 가라앉습니다. 아이에게 필요한 건 엄마의 도움으로 이룬 성공이 아니니까요.

덕분에 저도 변하고 있습니다. 말이 생각을 단단하게 만들어 주는 것 같아요. "엄마는 널 믿어"라는 말을 하다 보니 정말로 가슴 깊이 믿게 되고요, 진심 가득 담긴 저의 눈빛에 아이는 더 힘을 냅니다. 제 욕심만큼 빠르게 성장하지 않아도 '뭐 어때, 결국 해낼 텐데'라는 생각이 듭니다. 아이는 자기 속도대로 크고 있더라고요. 믿음이 있으니 불안하지 않습니다. 문제 될 것이 없어요. 아빠 아들, 엄마 아들인데 못할 일이 뭐가 있겠어요!

아이가 자신만의 속도에 집중할 수 있다는 건 선물입니다. 큰 복이에요. 남들보다 못하고, 느리고, 낮다는 생각은 패배감만 가져올 뿐 성장에 아무런 도움이 되지 않지요. 그저 '나는 해낼 것'이라는 믿음 하나면 문제가 될 것이 없을 거예요. 결국 해내는 사람이 될 테니까요.

제4장

함께 성장하는 시간

아이들은 부모를 보고 자란다고 하죠.
생각해 보면 참 무서운 말이에요.
제가 하는 말과 행동, 가치관이 보이지 않게 아이들한테 스며든다는 거잖아요.

1

독서 : 책과 함께 자라는 아이

엄마는 제가 밥 먹는 모습만 보아도 배부르다 하셨습니다. 그냥 하는 말이겠거니 했는데 정말로 그렇더군요. 없는 솜씨로 차려준 밥이지만 입가에 알록달록 소스 묻혀가며 엄지손가락을 치켜들어 주는 아이를 보고만 있어도 밥 한 그릇 뚝딱 해치운 기분이 듭니다. 이렇게 저의 배고픔을 채워주는 것이 또 하나 있습니다. 바로 책 읽는 아이 모습인데요, 장소 아랑곳하지 않고 책에 빠져 있는 모습을 보면 얼마나 흐뭇한지 몰라요. 혹여나 방해가 될까 말도 걸지 않게 되어요.

책은 존재만으로도 마음 부자로 만들어 주는 것 같아요. 종이 묶음일 뿐이지만 그 속에는 불가능이란 없어요. 이야기는 배를 든든하게 채워주는 양식이에요. 함께 여행을 떠나는 친구이기도 하고요. 눈빛만으로 통하는 친구랑 하루 종일 놀면 얼마나 재밌나요. 점점 더 자극적이고 빠져드는 오락 거리가 넘쳐나는 세상이지만, 우리 아이들은 그런 것들보다는 멋진 책들과 한바탕 노는 매력에 빠졌으면 해요.

책이 가져다주는 장점은 많지만 그중 가장 소중한 것을 꼽으라면 '생각하는 힘'을 고르고 싶어요. 생각의 중요성은 누구나 알고 있지만 생각만큼 '생각하기'는 쉽지 않지요. 갑자기 "자 이제 생각을 시작해 볼까?" 한다고 되는 것도 아니고요. 주변에는 우리의 시선을 빼앗는 거리들도 넘쳐납니다.

생각하는 시간이 필요할 때 어떤 책이든 펼쳐 듭니다. 생각에 빠져드는 가장 쉬운 방법이더라고요. 책 펼치기에 성공했다면 몇 분 지나지 않아 이런저런 생각을 하고 있는 저를 발견해요. 반드시 책이 주는 교훈을 따라가려 애쓰지 않아요. 때론 책의 한 문장과 저의 고민이 만나 책 주제와는 상관없는 생각에 닿기도 하고요. 한 장을 읽더라도 머릿속 떠오르는 생각에 집중하고자 합니다. 그랬더니 독서가 친근하게 다가와요. 이 책을 완전히 내 것으로 만들어버려야겠다는 전투적인 다짐을 하지 않으니 부담스럽지 않아요. 얇은 종이일 뿐이지만 그 속엔 강한 힘이 있습니다. 아이들도 그 힘을 느낄 수 있다면 좋겠습니다.

따라가기 버거울 만큼 빠르게 변하고 인간이 할 수 있는 일이 너무

나도 쉽게 대체되는 세상이 왔지만, 그럴수록 독서로 쌓은 힘은 더욱 막강할 것입니다. 나만의 생각, 창의적인 아이디어, 깊이 있는 고민은 대체 불가할 테니까요.

생각이 있는 사람, 생각하는 사람으로 키우고 싶은 간절한 마음으로 독서 시간을 최우선으로 두고 넉넉히 채우려 노력합니다. 그랬더니 아이들 곁엔 늘 책이 있습니다. 도서관 가자고 먼저 말하기도 하고요. 그 말 듣고 가만히 있을 수 있나요. 쉬고 싶은 주말이었지만 누워 있던 몸 일으켜 도서관으로 향합니다. 《샬롯의 거미줄》을 읽으며 깔깔 넘어가기도 하고 《해저 2만 리》를 읽으며 모험을 떠나기도 합니다. 한 책에 꽂히면 일주일 내내 그 속에 파묻혀 있기도 하고요. 학기 초, 친구들에게 '책을 좋아하는 사람'이라 소개하는 걸 보니 책이 좋다는 말이 빈말은 아닌 것 같아요.

아이가 책을 읽으며 어떤 생각을 하는지는 다 알지 못해요. 일일이 물어보지 않으니까요. 그렇지만 분명히 나름의 상상을 하고 머릿속에 그림도 그려볼 거예요. 호기심도 생길 거고요. 얘기 나누다 몇 달 전 읽은 책 내용이 불쑥 튀어나오기도 하고, 오늘 책에서 본 내용이 학교에서 배운 것과 연결되어 반가워하기도 합니다. 이런 순간들은 '생각하는 힘', 즉 사고력이 자라나고 있다는 걸 느끼게 해줍니다.

지금은 아침에 일어나 책 읽는 것이 자연스러운 아이들이지만, 이 습관을 가지기까지는 꾸준하게 노력해야 했습니다. 긴 호흡으로 다져온 결과이지요. 잠자리 독서도 큰 역할을 했습니다. 아무리 피곤해도 아이들에게 책은 꼭 읽어주자는 저만의 약속이었지요. 매일 두 권 읽던 것이 세 권, 다섯 권이 되어서 오늘은 그만하자는 말이 나올 정도가 되었지만, 밤마다 책을 들고 와 이 시간을 기다리는 아이들 모습에 저도 힘이 났습니다. 절로 낭랑한 목소리가 나왔습니다.

큰아이가 2학년이 될 때까지는 날마다 하였으니 꽤 오래 했지요. 초등 고학년을 앞둔 지금도 매일은 아니어도 특별한 일 없으면 읽어주고 있습니다. 그 시간이 좋아서요. 일상으로 자리 잡기까지는 제가 일부러 시간을 내고 노력해야 하는 일이라 우선순위로 두지 않으면 쉽지 않았어요. 피곤한 날은 건너뛰고 싶고, 이만하면 됐다 싶지요. 그러나 적당히 하다 포기해 버리면 시간은 어영부영 흘러갈 것이기에, 설거지보다 잠자리 독서를 우선으로 두었습니다. 함께 책을 골라 보고 어떤 책을 먼저 읽을지 가위바위보로 정해보기도 하면서 잠들기 전 30분만큼은 최고 즐거운 시간을 보내도록 했습니다.

책을 좋아하기까지의 모든 방법이 성공적이었던 건 아니었어요. 아이가 초등학생이 되었을 때는 도서관 가는 요일을 정했었어요. 도서관을 놀이터처럼 느끼게 만들어 주면 좋다길래 매주 도서관으로 향했죠. 아이가 여러 분야 책을 들여다보고 호기심 가득한 모습으로 기웃거리는 모습을 상상했어요. 그러나 저만의 기대였더라고요. 아이는 책 고르는 게 힘들다 했습니다. 아이가 마음대로 골라온 책들은 제 맘에 들지 않고요. 도서관이 놀이터는커녕 가기 싫은 곳이 되고 있었습니다. 혼자 도서관으로 갔습니다. 가족 카드로 대여할 수 있는 만큼 꽉 채워 빌려왔습니다. 그러고는 거실 한가운데, 탁자 위, 텔레비전 앞 등 아이의 시선이 닿는 곳에 두었어요. 책들이 '나 여기 있어'라고 존재감을 잔뜩 뽐낼 수 있게 놔두었습니다. 그랬더니 도서관에서는 책 기둥만 보고 지나쳤던 책인데, 앞표지가 보이니 관심을 가집니다. 책장을 펼쳐보기도 하고 몇 권은 재밌게 읽어요. 저희 아이에겐 도서관이란 장소가 중요한 게 아니었어요. 책을 싫어했던 것도 아니었고요. 도서관에서 책을 읽어야 한다는 의무감이 아이를 밀어냈던 거였습니다.

아이 관심사와 독서 취향을 알고 나니 편해졌습니다. 틈만 나면 인터넷 서점에 들어가 보는데요, 아이가 요즘 관심 갖는 주제의 책을 수시로 찾아봅니다. 좋아하는 유머 코드와 그림 성향도 고려하고요. 아이에게 유용한 책을 구분할 수 있게 되니 쉬워졌습니다. 아이가 좋아하는 작가 북토크도 찾아다니며 책과 이벤트를 연결지어 주었습니다. 이제 아이에게 독서는 놀이이자 소풍을 떠나는 여정입니다.

우리만의 맞춤형 독서 방법을 찾는 일은 긴 호흡으로 천천히, 꾸준히 해나가야 하더라고요. 실패와 좌절은 반드시 있을 테지만 독서의 평생 습관을 위해서는 지금 이 시기 그냥 지나가지 않게 노력해 봅니다. 덕분에 서로 책을 추천해 주기도 하고, 제법 진지한 이야기를 나눌 수도 있게 되었어요. 책이 아이의 친구로서 인정받고 있는 것 같아 흐뭇합니다.

2

개별 특성 : 관찰이 만드는 맞춤형 교육

엄마는 최고 선생님이 될 수 있습니다. 그 누구보다 아이와 많은 시간을 함께 보냈거니와, 사회생활에서는 보이지 않는 숨김없는 모습까지 알고 있기 때문입니다. 기가 막히게 진도를 빼주는 선생님, 아이 마음을 잘 어루만져 주는 선생님일지라도 엄마보다 촘촘하고 구체적으로 아이에 대해 알기란 어렵습니다. 훌륭한 멘토나 선생님일지라도 아이의 모든 면을 채워주기엔 한계가 있지요. 학습과 정서, 건강과 인성 다방면으로 돌보는 일은 부모가 가장 잘해 낼 수 있습니다. 부모는 시시때때로 달라지는 아이의 마음과 종일 씨름합니다. 제멋대로 구는 아이와 지지고 볶으며 서로 깊숙한 모습까지 마주하기도 하고요. 이런 날들을 보내며 부모는 아이를 여러 각도에서 바라볼 수 있게 되지요.

아이에 대해 아는 것이 많은 만큼 필요에 맞는 교육을 할 수 있어요. 관심사를 어떤 방향으로 확장시켜 나갈지 세부적인 전략을 고민할 수도 있고요. 비전을 제공하고 공부 방법도 아이 성격과 특성에 맞게 세워볼 수 있습니다. 결과를 내기 위한 전략에만 집중하는 것이 아니라 건강과 마음까지 균형 있게 살피면서요.

우리 아이와 똑같은 아이는 어디에도 없죠. 누군가를 벤치마킹한다 하더라도 같아질 수는 없습니다. 그렇기에 아이를 제대로 파악하는 일은 중요합니다. 무지개는 일곱 색이라지만 인위적으로 구분 지은 경계일 뿐 실제 색은 무한하지요. 에메랄드색, 거기에 흰색을 한두 방울 떨어트린 옅은 색, 연두와 노랑 사이 어디쯤인 색… 이름을 다 붙일 수 없을 정도로 다양한 색들이 한데 모여 비로소 무지개를 완성하듯 세상도 그러합니다. 벚꽃을 닮은 아이가 무지개 일곱 빛깔이 아니라는 이유로 빨강인 척, 보라인 척하는 일은 없어야겠습니다. 고유의 매력을 빛내줄 수 있는 건, 특성을 알아차리고 소중히 가꾸어 주는 관심과 정성일 거예요.

첫째 아이는 온 동네를 탐험하고 다녀요. 신발에는 항상 흙이 잔뜩 묻어있고 옷이 찢어져 있기도 하지요. 바닥을 얼마나 굴러다니는 건지 마른 잔가지나 이파리들을 훈장처럼 붙여오기도 하죠. 신발은 늘

새것처럼 신고 옷도 깨끗이 입는 동생과는 참 대조적입니다. 모처럼 장만한 옷이 지저분해져서 속상한 마음에 잔소리도 했지만, 이것이 아이가 세상을 받아들이는 방식이라는 걸 아이와의 수많은 시간 속에서 알게 되었습니다.

김치 냄새가 괴로워 울고, 가루약 먹을 때마다 헛구역질하는 둘째 아이와 많이도 싸웠습니다. 형은 김치만 있어도 밥 한 그릇 뚝딱일 정도인데 동생은 왜 유난을 떠는지 이해가 되지 않았습니다. 이런 일들을 수년간 겪으며 비로소 맛에 대한 감각이 예민한 아이의 특성을 받아들일 수 있게 되었습니다. 두 아이는 세상을 보는 창이 달랐습니다. 첫째 아이는 온몸의 촉감으로 주변 사물부터 시작해 둘러싼 환경까지 받아들이길 즐기는 반면, 둘째 아이는 예민한 후각과 청각을 이용해 냄새와 소리로 세상을 보는 힘이 컸습니다.

한동안은 첫 아이가 판단 기준이었습니다. 제 경험은 거기에만 갇혀 있었으니까요. 이즈음엔 바운서를 기가 막히게 타더라. 이때는 코끼리 모양 책을 좋아했지. 그 기억으로 둘째를 키웠는데 꼭 들어맞지 않는 거예요. 퍼즐 조각을 엉뚱한 곳에 놓는 아이를 보며 발달에 문제가 있는 건 아닌지 덜컥 겁이 나기도 했었답니다. 지금은 왜 그런 걱정을 했나 싶을 정도로 웃음이 나지만요. 아이를 세심하게 들여다보면서 첫 아이로 맞춰진 기준을 지우려 노력했습니다. 둘째 아이 나름대로 호기심을 가지는 분야가 있다는 걸 알게 되었죠.

아이 특성을 알면 맞춤형 교육을 할 수 있습니다. 형제여서 같은 학원에 보내고, 성별이 같아서 똑같은 운동을 시키는 것이 아니라요, 각자 지닌 능력을 최대한 발휘할 수 있도록 맞춤형으로 끌어줄 수 있는 거지요.

첫째 아이는 추상적인 것보다 실재감이 있는 것을 좋아해요. 눈앞에 보여야 돼요. 만져봐야 직성이 풀려요. 유독 그런 성향이 짙다는 걸 알고 나서는 공부할 때도 교구 활용을 적극적으로 하려 합니다. 문제집만 들이댔을 때보다 이해가 훨씬 빨라요. 보드게임도 활용하고 그림으로 풀어내 보기도 합니다. 잘 이해되지 않으면 직접 물건을 가져와 살펴보기도 하고 아이의 경험을 꺼내 연결해 주려 해요. 반면, 둘째 아이는 글자를 통해 머릿속에 장면을 그려보는 걸 좋아합니다. 소리에 민감한 아이답게 발음에도 관심이 많아 오디오나 영화를 보여주면 효과가 좋아요. 스타워즈와 해리포터에 흥미를 가지니 영어도 자연스럽게 접하게 되더라고요. 기분이 상쾌해지는 음악을 아침마다 틀게 된 것도 음악 감상을 즐기는 아이를 위한 것이었습니다.

아무리 잘 짜인 로드맵도 우리 집 아이에게 맞지 않을 수 있습니다. 그럴 땐 좌절감, 막막함 여러 감정이 뒤섞이지요. 그러나 아이를 이해할 수 있는 범위가 넓어지면 극복할 수 있습니다. 아이의 장점을 살려 학습 효율을 높일 수 있고요. 우리만의 학습 습관을 만들어 나갈 수 있습니다.

아이 특성을 알면 이리저리 휘둘리지 않고 아이만의 방법을 만들 수 있습니다. 갖고 싶은 장난감을 사준다고 해도 심드렁한 첫째 아이는, 내적 동기 부여가 중요한 아이입니다. 마음 내키지 않으면 온갖 유혹에도 꿈쩍도 하지 않죠. 본인이 하고 싶은 일은 어떠한 보상이 없어도 몰두하고요. 물질적인 것보다 마음 끌림이 중요한 아이인 걸 안 뒤로는 마음을 움직일 수 있는 방법을 찾아봐요. 관심사를 파악해 동기가 생길 만한 작전을 세워봅니다. 반면, 둘째 아이에게 할 일 다 하고 아이스크림 먹자고 하면 곧바로 몰두합니다. 대조적인 모습에 어찌나 웃음이 나는지요. 이 아이에게는 과하지 않게, 적당히 당근을 내어주며 한 걸음씩 나아가는 중이랍니다.

관찰자가 되어 아이의 반응, 말, 표정을 조금은 예민하게 살펴봅니다. 어떤 것에 관심 보이는지, 어떤 말을 즐겨 하는지, 어떨 때 화를 내는지, 언제 흥분을 감추지 못하는지, 말 속에 담긴 아이의 마음은 어떠한지 순간을 포착해 차곡차곡 모아봅니다. 자칫 지나칠 수도 있는 일상 속에 여러 단서가 담겨 있다 생각해요. 여러 상황 속에서 아이를 관찰하니 입체적으로 보이기 시작합니다. 무심코 나온 아이 말에서 고민을 알아채고, 몰두하는 활동을 세상과 연결시켜 줄 수 있는 아이디어가 떠오르기도 해요. 패턴을 찾아 연결을 확장해 주고, 다른 관심사로 이어지게 하며 아이의 흥미와 재능을 찾아갑니다. 아이의 교육 방법에 대한 답은 바로 아이에게 있었습니다.

3

표현 : 나만의 방식으로

'논술은 몇 살부터 다녀야 하나요?'

'피아노학원은 몇 학년까지 보내나요?'

인터넷 카페에 이런 질문들이 있었습니다. 조회 수를 보니 상당해요. 수많은 댓글들이 달렸습니다. 논술은 빨리 할수록 좋다, 시켜보니 5학년 이전엔 돈 아깝더라, 피아노는 저학년 때까지 하고 다른 공부로 넘어가라 등. 각자의 경험을 토대로 가이드를 주고 있었습니다. 명쾌한 답을 기대했던 건 아니었으나 너무나도 다른 조언들에 혼란스러워졌습니다. 결론이 나지 않는 이런저런 의견들을 읽다 보니 '아이에게 논술을, 피아노를 왜 가르치려는 거지?'부터 시작해야 원하는 답을 얻을 수 있을 거란 생각에 다다랐습니다. 다른 사람의 대답을 따르는 것이 아닌 방향과 목표를 정하고 스스로 결정을 내려야 하는 물음이었습니다.

사유의 가치가 더 높아진 시대입니다. 나를 드러내는 일이 중요해졌죠. 뻔한 말이 아니라 자기만의 철학이 밴 고유한 생각을 표현하는 것이요. 정답을 찾는 능력이 중요한 시대에 나고 자란 저로서는 어렵게 느껴지기도 합니다. 앞으로 아이들은 한 번도 겪어보지 못한 문제들과 수없이 마주할 것입니다. 매뉴얼이 없는 일, 옳고 그름을 단번에 따질 수 없는 일, 그 누구도 정답을 알지 못하는 일들이 넘쳐날 것입니다. 그 속에서 옳은 방향을 찾고 최선을 선택할 수 있는 자기만의 방법을 가져야 합니다. 인공지능이 더 잘 알려줄 수 있는 지식을 얼마나 가지고 있는지는 중요하지 않아요. '어떤 사람인지'가 더 중요해졌지요. 그렇기에 나를 드러내는 일은 필수가 되어버렸고, 이왕이면 '잘' 드러낼 수 있는 방법을 찾으면 좋겠습니다.

나를 드러내는 통로는 무궁무진합니다. 학교에서도 다양한 방식으로 수업하다 보면 지필 시험으로는 알 수 없었던 학생들의 재능을 발견하게 됩니다. 편하게 다가갈 수 있는 건 글과 그림이지만, 말하기와 연주, 춤, 나아가 영상 기획부터 촬영까지 각자의 색이 녹아든 표현 방법이 수도 없이 많습니다. 최근에는 인공지능 도구들로 더욱 창의적이고 퀄리티 높은 방법으로 나를 드러낼 수 있게 되었습니다. 어린 시절 다양한 경험을 하고 나를 표현하는 방법을 많이 접할수록 좋겠다는 생각을 합니다. 논술과 피아노학원도 그런 시각으로 바라보면 몇 살, 몇 학년이 더 이상 중요한 문제가 아니지요.

이런 생각의 연장선상에서 아이들이 자기를 표현할 수 있는 도구를 가졌으면 합니다. 이왕이면 자신의 장점과 가치를 드러내기에 알맞은 것이면 최고겠지요. 기분, 느낌, 의견을 마음껏 표현함으로써 '나'에 대해 깊이 이해하고 가진 능력과 열정을 발견하길 바라요.

'내 의견'이란 걸 가져본 적이 별로 없었던 저는, 그 시절에는 모범생이었을지 모르지만 이 시대에는 매력 없는 사람일 뿐입니다. 아이들은 저와는 다르게 적극적으로 삶을 꾸려갔으면 해요. 틀릴 부담 없이 즐겁게 생각을 꺼낼 수 있으면 해요. 어린 시절에 충분한 시간을 들여 나를 효과적으로 드러낼 수 있는 도구를 찾아보고, 창의적으로 저마다의 세계를 펼쳐 나가길 바라요. 옆집 아이가 글을 기가 막히게 쓴다고 하여 아이에게 노트를 들이밀고, 친구가 외국인과 거리낌 없이 대화하는 게 부러워 화상 영어 시키는 것이 아니라, 아이가 온전히 담길 그릇을 찾아야 할 것입니다. 생각을 꺼내 담을 때는 꽤나 많은 에너지가 필요하기에, 방법이 어렵거나 흥미가 생기지 않는다면 계속할 의지를 가지기가 힘들어요. 그렇기에 아이에게 어울리는 생각 그릇을 찾아보는 일은 중요한 의미를 가집니다.

아이들 생각을 본인만의 창작물로 연결될 수 있게 유도를 합니다. 느낌, 기분, 무엇이든 여러 형태로 마구 꺼내어 보게 합니다. 형태가 다양할수록 생각과 세상이 연결될 수 있는 통로는 많아지겠지요. 만들기를 좋아하는 아이에겐 다양한 미술 재료, 집안의 온갖 물건들이 생각을 꺼내는 장치입니다. 다양한 질감과 색, 형태를 이용해 표현한 구체물이 이 친구의 생각을 담는 맞춤형 그릇이라는 걸 이해한 후로는 형형색색 물건으로 집안이 어지러워도 아이의 작품에 집중하려 합니다. 그랬더니 아이는 여러 작품을 만들고 설명해 줍니다. 영화음악을 즐기는 둘째 아이에게는 '내 맘대로 작곡'이 나를 가장 잘 드러내는 방식입니다. 가족 여행을 하고 와서 '회전목마' 제목을 붙인 경쾌한 리듬을 쳐보기도 하고, 약간 어두운 배경의 영화를 보고 난 후에는 '라' 음을 많이 넣어 단조의 으스스한 분위기를 살려 짧은 노래를 지어보기도 합니다.

이렇게 각자 성향에 맞는 표현 방법을 찾아가 봅니다. 이런 활동들은 아이가 노는 것처럼 보여도 그 속에는 아이의 생각, 관심, 철학이 자연스레 담겨요. 특히 좋아하는 방식으로 나를 드러낼 수 있을 때 가장 나답고 솔직한 모습을 보여줄 수 있습니다. 글쓰기 싫어하는 아이에게 억지로 독후감을 써보라고 하면 피상적인 이야기밖에 하지 않죠. 반면 좋아하는 만화를 그려보게 하거나 말로 해보게 하면 조금 더 깊은 내용을 끌어낼 수 있습니다. 저마다 적합한 방식으로 표현하도록 해보면 아이들이 자신에 대해 알아차릴 수 있습니다.

4

경험 : 엉뚱한 짓, 성장의 밑거름

"엄마, 내가 친구 자전거 고쳐줬어!"

아이가 현관문을 열자마자 소리칩니다. 머리카락은 온통 땀에 젖어 엉망이고 손은 시커멓습니다. 얼른 씻고 오라 말하고 싶었지만, 아이는 입안 가득 찬 말을 삼키기라도 할까 신발을 벗기도 전에 쏟아냅니다. 집에 오는 길에 친구가 고장 난 자전거를 고치려 낑낑대고 있었대요. 살펴보니 체인이 빠져 있어 당겨 끼우면 되겠다 싶었다며, 꼬질꼬질한 손으로 체인 끼우는 시늉을 하며 말합니다. '나 힘 좀 썼어'라는 표정을 지어 보이면서요. 아이의 순수한 행복이 느껴져 저도 웃음이 났습니다. 학원에 늦을 뻔했는데 다행이라며 인사를 하고 떠나는 친구의 뒷모습을 보며 어떤 생각을 했을까요?

아이는 스스로를 무언가를 잘 만들고 고치는 사람으로 생각합니다. 어린 시절부터 쌓인 경험으로 자신감이 생겼나 봐요. 붙박이장 서랍이 고장 난 적 있습니다. 서랍이 들어가지도 빠지지도 않더라고요. 레일에 뭐가 걸린 건지 살펴보려 해도 컴컴해서 보이지 않고 힘으로도 꼼짝하지 않았죠. 여름이었는데 전기가 들어오지 않아 에어컨은 커녕 선풍기도 켤 수 없어 금세 지치기 시작했습니다. 하지만 아이에게는 이 상황이 흥미로웠나 봐요. "아빠, 내가 도와줄게"라고 말하며 재밌는 놀이거리를 찾았다는 듯 방방 뛰었죠. 두리번거리며 도움 될 만한 것들을 찾기 시작합니다. 아이가 옆에서 왔다 갔다 하면 더 정신 사나울 수 있는데 그날은 저도 남편도 지쳐 작은 도움이라도 절실했어요. 아이는 아빠 곁에 찰싹 붙어 "여길 들어서 빼보면 어때? 저쪽에 불빛 비춰보니까 저걸 빼면 될 것 같아" 하며 의견을 냅니다. 어린 아이의 말이지만 꽤 그럴듯한 아이디어였습니다. 정말 아들 말대로 하니 해결이 되었고요. 놀란 저와 남편은 눈이 동그래져 아이를 쳐다보았습니다. 아이는 입꼬리를 씩 올렸습니다.

하루는 캠핑장에서의 일입니다. 캠핑 도구들이 낯설더라고요. 가스버너도 예전 제 기억 속 모습이 아니었어요. 어떻게 작동시킬지 몰라 헤매고 있는데 아이가 여기저기 눌러보고 젖혀보았습니다. 고개를 돌려가며 살펴보더니 '탁!' 하는 소리와 함께 가스불이 켜졌습니다. 물개박수가 절로 나왔습니다. 아이가 어찌나 커 보이던지요. 이런 작은 경험들이 모여 스스로 '나는 물건을 잘 고치는 사람이야' 생각하게 된 것 같아요.

아이는 반복되는 일상 속에서 매일 다른 경험을 합니다. 학교로 가는 길, 어느 날은 땅을 보고 걷고 다른 날에는 잎사귀를 만지면서 가기도 해요. 친구를 만나면 뛰어가기도 하고요. 학교 다녀와서는 오늘은 개미들이 줄지어 어디로 갔다는 둥, 지렁이가 유난히 많았다는 둥 어제와는 다른 이야기를 들려줍니다. 소리도 듣습니다. 어느 날에는 매미가 시끄럽게 울었는데 가까이 가니 뚝 그쳤다고 하고 다음 날은 매미 울음소리가 어제와 달라졌다 합니다. 아이들은 그렇게 눈으로 귀로 온몸으로 세상을 경험하고 있어요. 그러다가 유난히 관심이 가는 대상을 발견해 시간 가는 줄 모르고 빠져들기도 하고요.

아이들이 스스로에 대해 알아가는 시간은 소중합니다. 크고 작은 모든 경험으로 나는 무엇을 잘하는지, 어떤 순간 괴로운지, 어디에 자연스레 끌리는지 발견해 가는 시간이니까요. 이런 앎을 통해 삶의 방향과 태도도 결정됩니다. 그렇기에 이런 순간들을 충분히 가져야 합니다. '나'에 대해 오롯이 아는 것, 그것이 수많은 경험으로부터 가진 확신이라면 흔들리지 않고 뻗어나갈 수 있습니다.

아이들과 갯벌에 갔습니다. 그날 목적은 '갯벌 생물 관찰해 보기'였으나 아이들 기억에서 먼저 떠오르는 건 갯벌 생물에 대한 내용이 아니에요. 온몸으로 느낀 감정과 생각들이죠. 불어오던 바람에 실린 바다 냄새, 발가락 사이로 느껴지는 차갑고 부드러운 감촉, 온 힘 다해 엄마 손을 잡았을 때 안도감, 화장실이 급해 오줌보와 울음보가 동시에 터졌을 때 당혹감에 담긴 기억들이요. 여러 감정들이 갯벌의 기억과 버무려져 입체적이고 풍부한 이야기로 아이들 속에 남았습니다. 이것은 나만의 경험으로, 생생한 느낌과 찰나의 생각이 더해져 세상에 하나뿐인 이야기가 탄생되었습니다. 이는 오래도록 남아 아이의 일부가 될 것입니다. 아이는 밥 먹다가 된장국에 케첩을 넣어봐도 되냐, 창고에 있는 어항 산소 발생 장치 뜯어봐도 되냐고 묻습니다. 결과가 뻔히 보이는 일이지만 아이 눈에는 호기심이 가득합니다. 말리는 대신 케첩 된장국 맛이 어떤지, 장치 안에 어떤 것이 들어 있는지 묻습니다. 무언가를 시도해 보고 느낀 경험은 자양분이 될 테니까요.

경험을 통해 많은 것을 담아주려 합니다. 경험은 나와 세상 사이 통로를 만드는 것과 같아요. 다양한 경험은 아이에게 지식 이상의 살아있는 배움을 줍니다. 그리고 경험은 창의성을 높이는 데도 중요합니다. 다양한 상황에서 당연함이 당연하지 않을 수 있다는 유연한 시각을 자연스레 가지게 되니까요.

어린 시절 충분한 경험이 미래를 활짝 열어줄 수 있다 생각합니다. 엉뚱한 짓도 환영합니다. 아이에게는 시도해 보고 깨닫는 소중한 경험이 될 테니까요. 아이들이 아직은 더 자연에서 뛰어놀기를, 때론 별난 짓도 마음껏 꾸며보기를 바랍니다. 제약 없이 생각의 나래를 펼칠 수 있는 지금, 돌아오지 않을 이 순간을 아이답게 꾸며나가길 희망합니다. 이 시기 자라난 생각은 앞으로 어떤 상황과 마주하더라도 이겨낼 수 있는 힘이 되리라 확신하거든요.

'저러다 다치진 않을까, 망가지진 않을까' 하는 걱정은 잠시 제쳐두고 다양한 경험을 해 볼 수 있도록 '비교적 안전한 공간'을 마련해 주는 것이 저의 역할이라 생각합니다. 다른 사람과 구별되는 고유한 시선을 가질 수 있는, 방해받지 않는 충분한 시간을 확보해 주고 싶습니다.

5

생각 : 심심함이 만드는 상상

샤워 볼에 바디 워시를 동전 크기만큼 짜 문지릅니다. 상쾌한 향과 함께 하얀 거품이 풍성해졌습니다. 송송 뚫린 틈 사이로 두 손 가득 거품이 만들어지는 모습이 마치 아이들에게서 피어오르는 상상구름 같다는 생각이 듭니다.

아이들이 자주 하는 말 중 하나는 '엄마, 심심해' 입니다. 하루가 빠듯하게 돌아가는 저로서는 부럽기만 해요. 아이들에게 남아도는 시간을 가지고 올 수만 있다면 얼마나 좋을까요. 그런데 아이들은 좋지 않은가 봐요. 심심해서 괴로워합니다. 소파에서 뒹굴 거리기도 하고, 의미 없는 낙서를 해보기도 하지만 이 많고 많은 시간이 도무지 줄어들지 않나 봐요. 결국 견디다 못해 심심하다며 신호를 보내오죠.

아이들에게 넘치는 시간을 쥐어 주고 싶다는 생각을 오래전부터 했습니다. 최소한의 스케줄, 해야 할 일은 짧고 굵게. 그렇게 시간을 만들어 온전히 아이에게 쥐어 주고 스스로 힘으로 채워가게 하고 싶었습니다. 그러나 아이들은 아직 시간을 꾸려가는 법을 잘 알지 못했습니다. 어릴 적 미술 시간에 선생님이 "오늘은 자유 그리기다"라고 하실 때 그 막막함과 비슷하려나요. 누가 뭐라도 정해주면 좋겠는데 말이에요.

아이들이 심심하다며 저를 찾기에 처음에는 이것저것 제안을 했습니다. "오랜만에 종이접기 해보면 어때" 하거나, 다른 놀거리가 없나 찾아보기도 하고요. 아이 손에 이끌려 함께 보드게임을 하기도 하고, 실험 키트를 꺼내 함께 탐구해 보기도 했습니다. 그런데 그것도 한두 번이죠. 저도 나름 할 일이 많아요. 저녁 준비도 해야 하고 빨래도 개야 하고요. 아이들과 시간 보내면 좋지만, 현실을 마냥 제쳐둘 수 없었습니다. 적극적으로 시간을 쥐어 줘야겠다 싶었습니다. 심심하다며 무얼 할지 물어도 스스로 생각해 보라며 돌려보냈습니다. 매번 고무장갑 벗어두고 쫓아다닐 수 없으니까요.

아이가 이 방 저 방 왔다 갔다 하더니 "엄마, 재밌는 거 없을까?" 하더라고요. 이번에는 제 생각이 들어간 제안 대신 "너희가 한 번 찾아볼래?" 하고는 무심한 척 할일을 계속했습니다. 심심하다고 하면 엄마가 영상을 보여주지는 않을까? 기대한다는 것도 눈치채고 있었습니다. 그러나 그러고 싶지 않았기에 모른 척했습니다. 그랬더니 자기들만의 돌파구를 찾기 시작하더라고요. 새로운 놀이를 만들어 몇 시간을 방에서 나오지 않기도 하고, 어떤 날은 각자 조용히 시간을 보내기도 하고요. 거의 버려진 거나 다름없었던 장난감들이 다시 주목받기도 했습니다. 유치해 보이는 장난감을 주인공으로 두고 온갖 살을 붙여 이야기를 만들어 나가더라고요. 그러다 걷잡을 수 없이 커져 몇 날 며칠을 한 놀이에만 몰두하기도 했습니다.

이젠 이런저런 장난감 없이 종이와 색연필만 가지고도 기막히게 놀아요. 아기자기한 꾸밈과는 거리가 먼 투박한 것들이지만, 딱지도 만들고 돈도 만들어 몇 시간을 놀이에 집중합니다. 집에 이런 물건이 있었는지 기억도 나지 않는 것들을 꺼내 아지트를 만듭니다. 블록으로 상상 속의 도시나 우주 비행선, 전쟁 현장 등을 만들어 자기들만의 드라마를 찍기도 하고요. 아이들의 창의적인 생각으로 집이 다른 공간으로 변신하고 평범한 날이 특별한 시간으로 채워집니다. 빈틈이 있었기에 가능한 일입니다. 하루 중 온전히 내가 컨트롤할 수 있는 시간, 즉 샤워 볼의 그물망처럼 채워지지 않은 공간이 있었기에 그 사이로 새로운 생각들이 풍성하게 자라날 수 있었던 거지요.

아이들에게 '심심할 시간'을 충분히 주려합니다. 학년이 올라갈수록 쉽지 않은 일이지만요. 아침부터 밤까지 모든 시간을 꼭 무언가를 배우고 목적이 있는 활동들로 채우지 않아도 좋습니다. 아이가 멍하게 있는 시간에 문제집을 들이미는 불상사가 생기지 않도록 의도적으로 노력합니다. 해야 할 일들로 하루가 가득하면 생각이 자라는 기회는 줄어들 테니까요.

아이만의 온전한 시간 속에서 아이의 새로운 모습을 발견하게 됩니다. 창의적인 생각과 리더십, 형제끼리 의견을 맞춰 가는 모습은 쫓기던 일상에서는 볼 수 없었어요. 시켜야만 하는 아이인 줄로만 알았는데, 주도적으로 할 수 있는 아이였어요. 억지로 떠밀려 하는 일을 할 때는 앉아있기도 힘들어 했지만, 하고 싶은 일을 하라고 판을 깔아주니 적극적으로 기발한 아이디어를 내고 누구보다 강하게 몰입할 수 있는 아이였습니다.

하루는 좋아하는 책을 가져와 "엄마, 심심한데 책 표지 캐릭터 따라 그려봐야겠어" 했습니다. 캐릭터들을 업그레이드하고 어울리는 이름도 지어주더라고요. 점점 살이 붙어 줄거리 있는 이야기가 되기 시작했습니다. 무언가에 몰두해서 글을 쓰고 이야기책을 만드는 아이 모습이 저는 너무 놀라웠습니다. 글쓰기라고 하면 혀를 내두르던 아이였으니까요. 이렇게 시작된 창작 활동은 지금도 틈틈이 진행 중입니다. 드래곤, 유령, 히어로… 그때마다 끌리는 소재와 이야기에 몰두합니다. 나만의 작품이 만들어지는 과정에서 뿌듯함을 느끼고 가족, 친구들에게 보여주며 성취감까지 맛보게 되니 나만의 시간은 더욱 의미있어집니다. 심심할 틈이 없었다면 발견할 수 없었을 모습입니다.

무언가를 만들어 내는 사람은 전문적인 사람이어야 한다 생각했어요. 글을 쓰고 생산적 프로젝트를 이끄는 건 특별한 자질을 갖춘 사람이 하는 일이라 여겼어요. 큰 착각이었습니다. 누구나 마음먹으면 컨텐츠를 만들어 낼 수 있더라고요. 전문가가 아니더라도 각자의 능력껏 하면 되는 일이라는 걸 아이를 보면서 알게 되었습니다.

이제는 차별성에 대해 고민할 때입니다. '오늘 뭐하지?' 뒹굴 거리며 고민하다 떠오른 생각이 의도치 않은 길로 이끌 수도 있고요. 작가 조앤 롤링이 멍하니 창밖을 보던 중 '마법 학교에 다니는 소년'에 대한 아이디어가 머릿속에 떠올랐고 이후 《해리포터》라는 세계적인 시리즈가 탄생한 것처럼 말이에요. 심심함으로부터 뭐든 펼칠 수 있습니다. 그렇게 시작된 생각에는 어마어마한 창의적 에너지가 숨어 있어요. 평생 지니고 갈 독창적인 매력을 만들어 낼 수 있습니다. 아이들 시간에 빈자리를 마련해 봅니다. 그 자리에 어떤 이야기들이 펼쳐질지 궁금해집니다.

6

창의성 : 집콕 놀이로 자란다

학부모를 위한 미래교육에 참여한 적 있습니다. 강사가 미래 아이들에게 필요한 역량이 무엇일까 물었는데 '창의성'이라 말한 부모님들이 가장 많았습니다. 이미 많은 분들이 역량의 변화를 알고 있었죠. 그런데 대부분이 거기서부터 막막함을 느꼈습니다. 머릿속에 그리는 이상과 처한 현실의 괴리에서 '창의성'은 뜬구름 잡는 소리처럼 느껴지니까요.

창의성, 중요성은 알겠는데 도대체 어떻게 해줘야 하나 잘 모르겠습니다. 창의 수학, 창의 큐브, 창의 융합과학, 창의 미술 등 창의를 내세운 프로그램이 많더라고요. 아마도 많은 분들이 아이 창의성을 높여줄 수 있지 않을까 하는 기대로 찾지 않을까 생각합니다. 다양한 수업이 있다는 것은 참으로 감사한 일이에요. 그러나 '창의성'을 위해 온종일 '창의'를 내건 프로그램에 매달릴 수는 없지요. '창의성'이 어떤 학원에 다니고 특정 프로그램에 참여해야지만 개발할 수 있는 능력은 아니니까요.

수업에 참여하는 횟수와 비례해서 창의력이 높아지면 좋겠지만 안타깝게도 그렇지 않지요. 정해진 방법이 없고, 생각이 자라나는 모습은 눈에 보이지 않기에 불안해집니다. 그래서 시간이 지날수록 '보이는 공부', 즉 점수화할 수 있는 공부, 레벨이 올라가는 공부로 옮겨가는 것이 아닐까요.

아이가 성인이 되었을 때는 반복적인 업무는 로봇과 인공지능이 대신할 테고, 변화의 속도도 지금보다 훨씬 빨라질 거예요. 어떤 직업이 새로 생기고 사라질지 예측조차 어려운 시대, 바로 그곳을 살아갈 우리 아이를 떠올리면, '과연 어떤 역량이 가장 중요해질까?'라는 고민이 깊어집니다. 창의성이야말로 꼭 필요한 역량이 아닐까요. 지식이 중요하지 않다는 말은 아니지만, 정보와 지식을 검색으로 쉽게 얻을 수 있는 시대가 되어 가고 있잖아요. 그렇다면 중요한 것은 새로운 시각으로 문제를 해결해 낼 줄 아는 능력, 그리고 독창적으로 무언가를 만들어 내는 힘일 것입니다.

그런 생각을 하다 보면 지금 집중해 보자 싶어요. 창의성을 기르는 시기가 무 자르듯 정해져 있지는 않지만, 뇌 발달과 환경 적응력이 왕

성한 지금이 황금 시기인 건 분명하니까요. 다양한 경험과 자극으로 풍부한 연결망이 만들어지고 있는 이 시간만큼은 방해하지 않으려고요. 유년기의 생각들이 지금까지도 저의 근간을 이루고 있듯이, 아이들의 경계를 뛰어넘는 생각들도 평생을 지탱해 줄 힘이 될 거라 믿어요.

창의성은 오늘 여기서 얼마든지 키울 수 있습니다. 창의성을 높일 수 있는 '집콕놀이' 몇 가지를 소개해 드려요. 날씨가 좋지 않아서, 때론 나가기 귀찮을 때 있잖아요? 뭘 하면 좋을지 생각하다 몇 가지 놀이들이 만들어졌어요. 물론 아이들이 창작했고요. 아마 집집마다 특별한 놀이가 있으리라 생각해요. 그런 '집콕놀이'는 이미 그 자체로 아이들만의 창의적 생각이 녹아든 활동일 거예요.

첫 번째는 '보물찾기'입니다. 탐험가가 되어 빠져들 수 있는 놀이지요. 구슬이나 쪽지를 대여섯 개 숨겨 놓고 찾는데요, 이 놀이가 우리 집만의 특별한 놀이가 될 수 있었던 것은 바로 지도 덕분입니다. 집의 평면도를 그리는 거죠. 보물 지도라고 하면 왠지 비밀스럽고 신비한 일이 일어날 것만 같잖아요. 그 지도를 아이들이 직접 그리는 거예요. 김정호가 대동여지도를 그리던 것처럼 집안 구석구석 돌아다니면서 낱낱이 그려요. 아이들은 종이와 펜을 들고 집 가장자리를 따라 돌면서 세상에 하나뿐인 지도를 그려냅니다. 때론 거실보다 방이 크고, 옷장 방향을 잘못 표시해서 다시 지웠다 그리기도 하지만 비밀스런

지도를 손수 만든다는 생각에 신이 난 모습입니다. 아마 지도를 그리는 것만으로도 뇌에 엄청난 자극이 일어나고 있을 거예요.

아이들이 지금보다 어릴 땐 부동산 사이트를 활용했습니다. 아파트의 타입별 평면도를 쉽게 찾을 수 있으니 출력해서 사용하거나 따라 그려보기도 했고요. 아이 성장에 따라 맞춤 변형이 가능하지요. 아이들이 지도에 보물 숨긴 곳을 색깔 펜으로 표시해 줘요. 저와 남편은 지도를 들고 열심히 찾지요. 어떻게 여기 숨길 생각을 했냐며 놀란 표정을 지으면 아이들은 자신이 만든 놀이에 더 애착을 가지고 새로운 아이디어를 확장해 갑니다. 지도를 그리면서 입체 공간을 평면에 표현하는 방법을 익히고, 전체와 부분의 비율도 따져봅니다. 보물을 어디에 어떻게 숨겨야 엄마 아빠가 잘 찾지 못할지 생각하면서 형제가 비밀회의하며 의견을 주고받기도 해요. 이렇게 저희만의 방식으로 '보물찾기'를 즐긴답니다. 몰입을 위해 여기에 해적 스토리까지 입히기도 하면서요.

두 번째는 '보드게임'입니다. 시중에 훌륭한 보드게임도 많지만 아이들이 직접 만든 보드게임을 즐겨요. 주사위를 던져 세계 여러 도시들을 다니며 땅을 사고 랜드 마크를 짓는 게임이 있는데요, 아이들의 아이디어를 추가해 우리 스타일의 보드게임으로 탄생시켜 보았어요. 가족끼리 갔던 여행지를 추가해 보고 보너스 카드에 원하는 선물도 적어보고요. 직접 스케치북을 오리고 붙이고, 자를 대어 칸을 나누며 아이들 시선으로 재탄생되었습니다. 물론 멋없고 크기도 들쑥

날쑥하지만 얼마나 많은 생각이 녹아들어 갔는지 알 수 있었어요. 단순히 따라 한 게 아니더라고요. 좀 더 편하게 할 수 있는 방법, 카드가 흐트러지지 않게 넣어놓을 방법 등을 고민한 흔적이 묻어났습니다. 새로운 아이디어를 떠올린 순간부터 창의적인 놀이는 시작됩니다. 좋아하는 게임을 직접 만들어 보는 것만큼 즐거운 일이 또 있을까 싶어요. 투박하고 연필로 쓴 글씨가 번져 깔끔하지 않아도 아이들에게는 최고 멋진 게임들이랍니다.

세 번째는 '한자어 놀이'에요. 공부 아니냐고요? 처음부터 외울 부담 없이 퀴즈로 접근하게 했더니 아이들은 여전히 심심풀이 놀이로 여기고 있어요. 식탁에서 시선이 닿는 벽에 한자 벽보를 주기적으로 바꿔가며 붙여 주는데요, 몇 년째 꾸준히 효과가 좋아요. 암호 또는 그림 같기도 한 글자라 그런지 밥 먹다가 유심히 쳐다보곤 해요. 그러다 마치 퍼즐을 풀어내듯 글자들을 조합해 단어를 만들어 냅니다. 사전에 없는 단어를 창조해 내기도 하고요. '충전', '공간이동', '중력'… 단어를 주고받으며 누가 더 많이 찾아내나 대결하면 시간 가는 줄 모릅니다. 어느 날은 저에게 '자자자'가 뭔지 퀴즈를 내더라고요. 모르겠다고 하니, 아이가 씩 웃으며 "아들이, 스스로, 글자를 쓴다! 아들 자, 스스로 자, 글자 자!"라고 합니다. 때론 "엄마, 숫자 0도 한자가 있어?", "'장인어른'은 '어른 장', '사람 인'에 '어른'이 붙은 거니 '어른어른'이란 뜻이네!"라고 말하기도 하니 한자 벽보가 일당백 역할을 톡톡히 해내고 있답니다.

마지막으로 '말도 안 되는 연결 게임'이에요. 〈원숭이 엉덩이는 빨개〉 노래를 부르다가 만들어진 게임인데요, 전혀 관계없는 두 단어를 연결해 보는 거예요. 예를 들어 '김치와 에펠탑' 이렇게 제시어를 주면 아이는 "김치 하면 음식, 음식 하면 간식, 간식은 맛있어, 맛있으면 과자, 과자는 부스러기, 부스러기는 작아, 작으면 난쟁이, 난쟁이는 사람, 사람 하면 자연, 자연 하면 싱가포르, 싱가포르 하면 나라, 나라 하면 랜드마크, 랜드마크 하면 에펠탑" 하면서 두 단어를 처음과 끝에 두고 생각나는 대로 이어가는 거지요. 아이의 경험과 지식이 총출동되는 유익한 놀이랍니다. 생각지도 못한 연결 고리를 서로 공유하며 유연한 생각과 창의성을 기르는 데 도움이 많이 되어요. 아이들 발달에 따라 추상적 단어를 넣거나, 연결 단계를 제한하거나, 금지어를 추가하고 빼면서 얼마든지 난이도도 손쉽게 조절할 수 있답니다.

'집콕놀이' 세계는 무한해요. 각자 스타일에 맞게 놀이를 다르게 바꾸어도 보고 엉뚱한 새로운 놀이를 만들어 내기도 하며 아이들의 창의성은 뻗어나갑니다.

7

질문 : 생각을 키우고 미래를 만든다

"우리나라가 물 부족 국가라는데, 그럼 물 풍부 국가는 어디야?"(3월 30일)

"엄마, 삼각자는 왜 있는 거야? 뭐 할 때 쓰는 거야?"(4월 3일)

"할아버지는 왜 초록색을 파란색이라고 해?"(4월 10일)

핸드폰 노트에는 아이들 질문이 가득합니다. 질문들을 듣다 보니 호기심 가득한 생각들을 흘려보내기 아깝다는 생각이 들더라고요. 잡아 두고 싶었습니다. 박장대소할 만큼 엉뚱한 질문부터 꽤나 진지한 질문까지. 아이들은 궁금한 것들이 가득합니다. 질문을 한다는 것은 주변에 관심이 있다는 신호이고요, 주도적으로 생각하고 있다는 뜻이기도 합니다. 그 호기심을 오래 지켜주고 싶어요. 남이 넣어주는 생각이 아닌 자신만의 생각이 안에서 자라나도록 이끌어 주고 싶어요. 그것도 모르냐며 핀잔주는 엄마가 아닌, 함께 고민하는 엄마가 되고 싶어요. 그래서 질문을 소중하게 여깁니다.

질문이 가진 힘을 알기에 저도 아이들에게 적극적으로 질문합니다. 수업에서 쌓인 경험이 도움이 되었어요. 일방적인 설명보다 제대로 된 질문 하나가 훨씬 효과적이라는 걸 경험했거든요. 질문에 답하면서 완전히 나의 지식으로 만들면 오래 기억할 수 있어요.

학생들이 궁금해할 때 바로 답해주지 않아요. 힌트를 조금씩 주며 질문합니다. 신기한 건 분명 몰라서 저에게 질문한 건데 스스로 알아낸다는 거예요. 필요한 단서를 주면서 질문하면 학생들은 생각하는 힘을 발휘해 추론할 수 있어요. 아마 제가 바로 답을 알려줬더라면 외워야 할 지식 중 하나일 뿐이었겠지요. 금세 잊어버리고요. 당장 생각하는 게 귀찮을 수도 있어요. 하지만 생각을 유도하면서 결론까지 이르도록 끌어주면요, 머릿속에 생각의 길이 새겨져요. 오래 기억할 수 있게 되죠. 알아낸 순간 똘망똘망한 눈으로 고개를 끄덕이는 모습을 보면, 질문의 힘이 얼마나 강력한지 알게 됩니다.

'제대로 된 질문'은 생각의 물꼬를 틔워줘요. 틀에서 벗어날 수 있게 이끌기도 하고 흩어진 생각을 정리해 주기도 합니다. 깊이 사고하도록 끌어주고요. 질문과 답을 많이 주고받을수록 생각은 풍성해집니다. 질문은 보이지 않던 것을 보게 합니다. 그러면서 생각 연결고리가 하나씩 생기는 거지요.

아이의 궁금증을 모으다 보면 관심사를 어떻게 확장해 나가고 있는지 보여요. 이게 바로 적극적으로 펼치는 공부구나 싶은 거죠. 지나가는 하나의 궁금증은 별게 아니라 여길 수도 있어요. 그러나 질문이 하나둘 모이면 관심사가 보이고 질문을 따라가다 보면 뻗어나가는 길이 보이죠. 유일무이한 아이만의 이야기가 만들어질 수 있습니다. 자신만의 컨텐츠를 만들어 가면 좋겠어요. 단숨에 만들어진 이야기가 아니기에 남들과는 차별화된 역량을 발휘할 수 있을 것입니다. 이런 내공을 쌓는 데는 부모의 질문이 큰 역할을 할 수 있습니다. 생각의 문을 열 수 있게 발판을 마련해 주는 거죠.

함께 이야기를 나누고 나면 유난히 마음 부자가 된 듯한 느낌을 주는 친구가 있습니다. 왜 이 친구를 만나고 나면 이런 기분이 들까요? 친구와 주고받은 대화를 곱씹어 보았습니다. 친구는 저의 이야기를 들으며 "어, 정말? 왜 그렇게 생각했어?"라고 말해요. 제 생각을 많이 꺼낼 수 있게 해주는 거지요. 편하게 말하다가도 친구가 물으면 제 마음을 한 번 더 들여다보게 되더라고요. 흐트러진 생각도 정리가 되고요. 거기에 응원한다는 말로 마무리되니 저는 더 힘을 받게 되어요. 정말 멋지지 않나요?

'제대로 된 질문'은 두 가지만 기억해 주세요.

첫 번째는 '열린 질문'을 하는 것입니다. 이는 다양한 생각과 의견을 이끌어 낼 수 있는 질문이에요. 반대로 정해진 답이나 '예', '아니오'처럼 짧은 답이 나오게 하는 질문은 닫힌 질문입니다. 열린 질문을 의도적으로 많이 해야 해요. 아이들에게 평소 하는 질문들을 모아보면 닫힌 질문이 많아요. 깜짝 놀란다니까요. 무의식중에 튀어나오는 질문들이 틀에서 벗어나지 못하고 있다는 걸 알 수 있는 거죠. 어렸을 때부터 받은 질문에 익숙해져 버린 탓이지요.

'친구랑 재밌게 놀았어?', '급식은 다 먹었니?' 모두 닫힌 질문입니다. 답이 짧을 수밖에요. 사춘기에 접어들기 시작하면 이마저도 답해주지 않을지도 몰라요. 귀찮기만 한 간섭이라 여길 수도 있고요. '미역국 맛있어?', '엄마가 옷 새로 샀는데, 마음에 들어?'라고 하지는 않았는지 돌아봐요. 나름 아이에게 친절하고 다정하게 대화를 시도한다고 생각하지만 안타깝게도 아이는 답안지가 좁혀진 생각에 익숙해지고 있는 거예요. 이럴 때 '맛있다', '마음에 든다'와 같은 말을 미리 제가 정하지 않으려 합니다. 아이들이 직접 기분이나 느낌을 나타내는 단어를 선택할 수 있게 해요. 또, 기왕이면 진부한 표현도 나오지 않게 하려 노력하고요. 예를 들어 '예쁘다', '즐겁다', '재미있다'와 같은 것들이죠. 저의 부족한 어휘력 안에서만 질문이 맴도니 아이도 그 단어 수준에 머무르게 되더라고요. '친구랑 어떤 모험을 하고 왔어?', '미역국과 어떤 반찬이 어울릴까?'라고 조금만 바꿔 질문하면 아이들은 훨씬 다양한 느낌과 생각을 쏟아낼 거예요.

두 번째는 '자연스럽게' 하는 것입니다. 아무리 의도가 좋더라도 다짜고짜 아이를 앉혀 놓고 질문 공세를 펼친다면 아이 입장에선 귀찮고 짜증이 날 수밖에 없습니다. 열린 질문에 익숙하지 않은 아이들은 '응', 한 마디면 될 것을 길게 대답해야 하는 것도 싫을 수 있어요. 생각해야 하니까요. 대화가 이어지지 않습니다. 야심차게 도전했는데 서로 기분만 상하는 순간이지요. 저는 아이가 먼저 질문하는 순간을 활용합니다. 물어보는 것에 바로 대답하지 않고 되돌려주지요. 이렇게 말이에요.

"엄마, 소나기는 왜 '소나기'라고 이름이 붙여졌어?"라고 물으면 "그러게, 왜 그렇지?"하는 거죠. 간단하지요? 그냥 배구공 넘기듯 통 튕겨주면 됩니다. 우리는 질문을 받는 순간 머릿속에서 답을 찾기 시작하거든요. 당장 멋들어진 답을 해주고 싶은 마음을 잠시 누르고 질문을 아이에게 돌려줘 보세요. 질문을 되돌려 받은 아이는요, 누구보다 깊이 빠져들어 생각해요. 자신의 궁금증으로부터 출발했기에 더 몰두할 수 있지요. 생각하는 힘을 기를 순간을 질문으로 만들어 주는 거예요. 이 덕분인지는 모르겠지만 아이 담임선생님은 아이를 '호기심 많은 똘똘이'라 부른답니다. 수업 시간에 참신한 질문과 아이디어로 친구들에게 좋은 영향력을 주고, 활력이 생긴다고 말씀하시면서요.

질문도 연습이 필요했습니다. 순간적으로 튀어나오는 닫힌 질문을 의식하고 열린 질문으로 하나씩 바꾸어 보았어요. 어려운 것은 아니기에 몇 번 하다 보니 금세 익숙해지더라고요. 오늘도 아이 머릿속에는 궁금증이 가득합니다. 반짝이는 눈으로 물어봅니다. 그 소중한 싹을 자르지 않을 거예요. 귀찮다 생각하지 않고 물을 뿌려주려 합니다. 인생은 객관식 문제가 아니니까요.

8

과정 : 작은 성취가 큰 성장으로

아이가 레고로 이것저것 만드는 걸 좋아해요. 지금은 제법 내공이 쌓여서 독창적인 것들을 만들어 내지만 초보일 때는 매뉴얼 보고 따라 만들기 급급했어요. 둘째 아이는 형이 하는 건 무조건 따라 해야 하는데요, 그러다 보니 제 실력으로 만들 수 없는 걸 고르더라고요.

"엄마, 도와줘!"

아이는 힘든 과정은 겪지 않고 멋진 완성품을 얻고 싶어 했어요. 얼른 만들어야 형과 놀 수 있는데 쉽게 되지 않으니 울상입니다. 마음은 급한데 손이 안 따라주니 화도 납니다. 징징거리는 걸 듣고 있자니 저도 속이 끓어요. '이럴 거면 왜 사 달라 그랬어! 거봐, 엄마가 힘들 거랬지?'라는 말을 하고 싶지만 참습니다. 이런 말을 해서 좋게 끝난 적이 없었거든요. 레고를 사준 건 저인데 아이에게 책임을 미루는 것 같아 치사한 것 같기도 했고요.

'난 실력이 없어' 대신 '생각보다 할 만하네'라는 생각을 하길 바랐습니다. 저도 마음 상했지만 감정보다는 이성을 앞에 두었습니다. 이 순간에도 아이는 나를 보며 배우겠구나 싶어서 괜한 사명감이 생기더라고요. "우리 같이 해볼까? 다리 부분부터 해보자. 정말 멋질 것 같은데?"라고 말했습니다. 말이 기분을 움직인 걸까요. 저도 말하면서 해볼 의지가 생겼고, 아이도 신이 났어요. 제 작전은 과정을 잘게 쪼개 완성까지 가는 거였습니다. '넌 당연히 완성할 수 있어'라는 믿음을 주면서요. 작은 목표에 도달할 때마다 성취감을 느끼게 해주고 싶었어요. 퀘스트를 수행해 나가듯 다리 하나, 팔 하나, 몸통을 완성해 나갈 때마다 엉덩이를 두드려 주고, 칭찬해 주고, 머리를 쓰다듬어 주었습니다. 그랬더니 어느새 눈앞에 늠름한 로봇이 서 있네요. 아이는 당당하게 외칩니다.

"내가 만들었어!"

작전 성공이에요. 한 번 만에 점프하여 도달하기 힘들 땐 계단을 놓아주면 돼요. 해낼 때마다 "힘들었을 텐데 포기 안 했네. 대단해", "이 부분은 복잡해 보였는데 어떻게 했어?"라며 아낌없는 칭찬과 과정에 대한 관심을 보였더니 아이는 해냈습니다. 스스로 '해낸 사람'으로 인정하게 되었습니다.

칭찬은 아이가 성장하는 양분이었습니다. 자기 능력에 대한 믿음이 생겼고 '과연 내가 할 수 있을까?'라는 불안과 걱정보다 '한번 해보지 뭐. 못 할 것도 없지'라는 생각으로 도전에 주저함이 없게 되었습니다. 이제 건강한 마음가짐으로 피하지 않고 행동으로 옮길 수 있습니다. 그렇게 원하는 성취에 가까워집니다. 나의 능력으로 헤쳐 나갈 수 있다는 믿음, 즉 자기 효능감을 가진 사람으로 뿌리가 깊어지고 있습니다.

하루는 아이가 난 수학을 못한다며 시무룩한 말투로 말하기에 깜짝 놀랐습니다. 왜 그렇게 생각하는지 물어보아도 속 시원하게 말하지 않더라고요. 한때 사고력 수학 문제를 푸는 학원에 다녔던 적이 있습니다. 학원에는 수년간 단련된 아이, 선행을 해서 간단하게 푸는 방법을 아는 아이들이 있었어요. 그 틈에서 주눅이 들었나 봐요. 먼저 끝낸 친구가 옆에서 놀다가 재촉하기도 하니 초조한 마음이 들었던 거죠. 틀리거나 다 풀지 못한 날에는 스스로 실망도 하고요. 이런 저런 상황 겪으며 아이는 스스로 수학을 못하는 아이로 인식하게 된 거였습니다.

커리큘럼이 아무리 좋아도 우선 살펴봐야 할 것은 아이에게 적합한 과정인지입니다. 성취감은 없고 실패 경험만 쌓이고 있다면 멈춰서 전환을 해주어야 하죠. 지금 필요한 건 어려운 문제를 빨리 풀어내는 훈련이 아니라 성공 경험이라 생각했습니다. 아이가 매일 해낼 수 있을 만큼 분량을 정한 다음 꾸준히 해나가기로 했습니다. 그랬더니 날마다 해냈습니다. 성공 경험이 차곡차곡 쌓였습니다. 꾸준히 해낼 수 있게 계단을 놓아주고 스스로를 바라보는 시선이 바뀔 때까지 기다리는 일은 결코 쉽지만은 않았습니다. 그렇지만 미룰 수 없었기에, 묵묵히 성취하는 날을 쌓아갔고 어느새 아이는 수학을 해볼 만한 것으로 생각하기 시작했습니다. 더이상 자책하는 말을 하지 않게 되었답니다. 이젠 즐기는 여유까지 부려보기도 하고요.

70점이냐 100점이냐 결과에 따라 목소리에 묻어나는 기쁨이 달라지지 않으려 합니다. 의식하지 않으면 저도 모르게 보이는 점수에 따라 칭찬 강도가 달라지기 쉽거든요. 그보다는 과정을 자세히 들여다보고 칭찬거리를 찾아봅니다. 문제를 해결하려 애쓴 태도, 후회 없이 최선 다했던 경험, 끈기 있게 도전해 본 과정을 높이 사는 엄마가 되고 싶습니다.

아이가 피아노 콩쿠르에 참가한 적이 있습니다. 대회 나가기 위해 꽤 긴 시간 공들였기에 이왕이면 상을 받으면 좋겠다는 욕심도 생기더라고요. 대회 당일, 깔끔하게 차려입고 머리도 살짝 옆으로 넘겼습니다. 봄비가 부슬부슬 내리는 날이었습니다. 고요한 차 안, 창문에 부딪히는 빗소리가 유난히 크게 들렸습니다. 아이 마음이 차분해진 걸까요. 나란히 우산 쓰고 걸으면서도 아이는 평소와 다르게 말이 없었습니다. 저벅저벅 물웅덩이를 피해 걷다가 횡단보도 앞에 섰습니다. 신호등만 바라보며 초록불이 되기를 기다리고 있는데 아이가 "나 잘할 수 있을까?" 합니다. 아이 눈엔 걱정이 가득했습니다. 너무 떨려서 심장 뛰는 소리가 들린다 하였습니다. 상 받는 것이 중요한 게 아니었습니다. 두렵기도 하고 떨리기도 한, 그렇지만 뿌듯할 수 있는 이 순간을 즐길 수 있게 해주어야 했습니다. 충분히 노력했으니 해낼 수 있다고 말해 주며 속으로 다짐한 것이 있어요. 설령 아이가 머릿속이 하얘져서 연주를 끝까지 해내지 못하더라도, 큰 박수 쳐줄 거라고요.

아이가 지역 줄넘기 대회에서 1등을 했습니다. 그 결과는 아이의 꾸준한 과정 덕분입니다. 주말, 밤낮 가리지 않고 연습했거든요. 마음먹은 대로 되지 않아 속상해하기도 했지만 작은 단계를 꾸준히 밟아 나갔습니다. 그랬더니 어느덧 도전 목표를 달성하는 날이 많아졌고, 나도 할 수 있겠다는 자신감이 생겼습니다. 결과보다 과정에 집중하려 마음먹으니 어제보다 자라난 아이가 보입니다. 성급히 말을 내뱉지 않게 됩니다. 과정 속에는 성장과 배움이 있었습니다. 아이들에게 작은 성공 경험을 매일 안겨주고 싶습니다. 이불 개기, 세 줄 글쓰기, 아침에 긍정 확언 외치기… 무엇이든지요. 이는 해낸 경험 자산으로 쌓여 훌륭한 가치를 만들어 낼 것입니다.

9

빠르기 : 자기 속도로 달릴 때 진짜 성장한다

준비, 출발!

입학하는 순간 레이스가 시작되었습니다. 넋 놓고 있던 아이도 출발 신호와 함께 두리번거리며 열심히 뛰어갑니다. 어디로 가야 하는지, 어디가 끝인지는 알 수 없지만 달려갑니다. 옆에선 엄마 아빠가 목에 핏대를 세우며 응원합니다. 아이는 왠지 더 잘하고 싶어 다리에 힘이 잔뜩 들어갑니다. 앞서가는 친구를 따라잡아 봅니다. 부모님이 환호를 지르며 박수를 칩니다. 다리에 쥐가 나기도 하고 신발 끈을 고쳐 매지 못해 뛰다가 넘어지기도 합니다. 어디선가 들려옵니다.

"얼른 끈 제대로 매!"

아직 출발하지 못한 아이가 있습니다. 옷매무시를 가다듬고 화장실도 다녀왔습니다. 가볍게 뛰며 몸을 풀어봅니다. 그러고는 엄마를 꼭 안고 "나 이제 갈게" 하며 뛰기 시작합니다. 친구들은 이미 보이지도 않을 만큼 달려 나갔지만 문제 되지 않습니다. 몸도 가볍고, 옷도 편안하며, 에너지도 충분하거든요. 무엇보다 결승선까지 갈 수 있다는 자신감이 가득합니다. 과연 이 친구 운명은 어떻게 될까요? 1등으로 달려 나가지 못해 후회하고 있을까요? 아니면 즐기고 있을까요? 이 레이스가 아이에게 어떤 의미일까요?

중학생 시절, 수첩에 'Slow and steady wins the race'라고 써놓았던 기억이 납니다. '천천히 그리고 꾸준히 하는 것이 이긴다'는 영어 속담인데요, 지금까지도 인생의 좌우명으로 삼고 있어요. 저만의 속도대로 해나갈 수 있게 힘이 되어준 말입니다. '나만의 속도로 꾸준히 나아가자'는 생각이 그때부터 무의식에 자리 잡았을지도 몰라요.

체력장을 하는 날이었습니다. 매년 체육 시간에 단거리 달리기, 오래 매달리기, 윗몸 일으키기 등 여러 종목 기록을 재고 체력을 등급으로 매겼던 기억이 납니다. 그다지 유쾌한 기억은 아니에요. 특히 철봉 매달리기는 생각만 해도 팔이 부들거려요. 그중에서도 가장 피하고 싶었던 종목은 오래달리기였습니다. 마지막 결승선을 통과할 때, 바짝 말라버린 목구멍에서 느껴지는 비릿한 피 맛은 지금도 생생하네요. 거친 숨 몰아쉬며 심장이 내 몸에 붙어 있긴 한 건지, 이러다 튀어나가 버리는 건 아닌지, 걱정했던 기억도 나고요.

평범한 여중생이었던 저에게 오래달리기는 큰 이벤트였습니다. 큰 맘 먹고 도전해야 했죠. 땀 흘리기 싫어하는 몇몇 친구들은 일찌감치 포기하고 편하게 앉아 있기도 했는데, 전 무슨 오기가 발동했는지 그러긴 싫더라고요. 천천히 그리고 끝까지 달려보자 마음먹었습니다. 달리기에 자신 있는 친구들은 앞서갔지만 저는 느려지지만 말자 생각하며 뛰었습니다. 들이쉬고 내뱉는 숨에 집중했어요. 어느 순간 보니 선두 그룹에 있더라고요. 1등은 아니었지만 꽤 괜찮은 기록으로 완주를 했습니다. 좌우명을 몸소 증명해 내는 순간이었습니다.

'인생은 마라톤이다'라는 얘기를 많이 듣습니다. 초반에 지치지 말고 페이스 조절 잘하자는 의미에서 하는 말이겠지요. 전적으로 동의합니다. 그런데 여기서 한 가지 더 확인해 볼 것이 있습니다. 마라톤 완주를 하고 싶은 걸까요? 순위 메달을 따고 싶은 걸까요? 비슷하지만 실은 전혀 다른 이야기로, 같은 마라톤 인생일지라도 다른 이야기가 펼쳐질 수 있습니다.

올림픽 경기에서는 순위에 따라 메달 색이 바뀝니다. 3위 안에 들지 못하면 메달을 받을 수 없지요. 고백하자면 마라톤 경기를 끝까지 시청하며 응원해 본 적 없어요. 메달 주인이 결정되면 다른 종목 중계로 넘어가 버려 어쩔 수 없기도 했지만요. 그렇지만 3위까지 결정되는 순간 모두의 관심이 사라져 버렸음에도, 이름도 얼굴도 관심 갖지 않아도, 선수들은 끝까지 포기하지 않고 뛰었을 거예요. 스스로와의 싸

움에서 포기하지 않았을 거예요. 비록 메달을 받지 못하였어도 더 큰 선수로 성장시켜 주는 시간이 되었을 것입니다. 인생은 마라톤이라지만 어떤 마라톤을 할지는 추구하는 가치에 따라 다를 거라 생각해요. 끝까지 완주해 내고 싶은 건지 아니면 메달을 목에 걸어야 하는 건지요. 나에게 인생 마라톤이란 어떤 의미인지 골똘히 생각해 볼 필요가 있어요. 그래야 어디에 중심을 두어야 할지 보이기 시작할 테니까요.

아이 속도는 모두 달라요. 수일 만에 자라나는 버드나무를 닮았을 수도, 몇 달을 기다려 싹을 틔우는 호두나무를 닮았을 수도 있지요. 싹 틔우는 속도는 제각각이지만 버드나무도 호두나무도 그저 자신의 속도대로 생명을 꽃피웠을 뿐입니다. 모두 성공적인 삶이라 할 수 있지요. 속도에 따라 가치가 달라지지 않습니다.

며칠 전 아이가 강낭콩 씨앗 두 개를 가지고 왔어요. 크기도 모양도 비슷했죠. 실험용이어서 하나에는 물을 매일 주고 또 다른 콩에는 물을 주지 않았어요. 하루, 이틀이 지나도 달라지는 것이 없어 보였는데 사흘째 되던 날 물을 매일 준 콩에서 하얀 싹이 고개 내밀기 시작하더라고요. 그날부터 이 강낭콩은 〈잭과 콩나무〉의 마법 콩나무처럼 자고 일어날 때마다 빠른 속도로 자라났어요. 커진 키를 주체 못할 만큼이요. 넓은 화분으로 옮겨 주고 줄기가 꺾이지 않게 지지대도 설치해 주었습니다.

그러다 나날이 쭈글쭈글해지고 있는 다른 씨앗에 눈이 갔어요. 수분이 점점 빠지고 있었죠. 열흘 전만 해도 분명 하늘을 찌르는 저 콩나무 씨앗과 다를 바 없었는데 마음이 좋지 않더라고요. 아이도 안타까워하고요. 그러다 문득 '가만, 아직 죽은 건 아니잖아?'라는 생각이 스쳤습니다. 아직 꽃 피워낼 환경을 만나지 못했을 뿐, 자그만 몸 안에 여전히 열매를 맺을 가능성을 지닌 존재였지요. 그날부터 물을 주기 시작했어요. 그러나 이틀이 지나도 싹이 나지 않았습니다. 불안했죠. 그러나 포기하지 않고 기다린 끝에 하얀 싹을 만났습니다. 자그마한 싹이 '나를 드디어 깨웠구나'라고 말하는 것 같았죠.

이제 두 강낭콩이 나란히 자라고 있습니다. 미리 싹을 틔운 녀석은 훤칠하게 자라고, 늦게 싹 틔운 아이는 키는 작지만 꽃을 더 많이 피워내더라고요. 저만의 속도대로, 각자의 방식대로 큰다는 말이 정말이었습니다.

싹을 늦게 틔운다며 재촉하지 않아야겠습니다. 느리면 느린 대로, 빠르면 빠른 대로 저마다 딱 알맞은 속도로 건강하게 커나갈 환경을 마련해 주기, 그리고 기다려 주기. 엄마로서 해야 할 일은 그것이었습니다. 얼마나 빨리 가고 있느냐 보다 어떤 마음으로 나아가고 있는지를 살펴봐야 하겠습니다.

계산이 왜 이렇게 느리냐며 타박했던 날들이 머쓱해질 정도로 잘해내고 있는 아이에게 구박보다 응원을 해줘 봅니다. 먹는 게 스트레스였던 아이가 어느새 묻지 않아도 배고프다 하며 맛있게 먹는 모습을 보며 또 한 번 느낍니다. 천천히 자랄 때도, 빠르게 자라날 때도 있다는 것을요. 때론 뻗어나가다가 멈추기도 하겠지요. 그럴 땐 굵어지고 있는 거예요. 더 높이 올라가기 위한 단단한 기둥을 세우고 있는 거지요. 길고 긴 겨울 지나 마침내 연둣빛 새싹을 내미는 때를 맞이하는 나무를 바라보듯, 아이들을 바라보는 시선도 그러해야겠다는 다짐을 해봅니다.

10

인성 : 사람다움도 실력이다

인성도 실력이라고 합니다. 이 말 속엔 많은 의미가 들어 있는 것 같습니다. 인성도 노력하여 기를 수 있고, 길러야 하는 것이고, 원하는 바를 이루려면 갖추어야 한다는 것이죠. 원하는 실력을 갖추기 위해 공부하고 자격증도 따며 노력하듯, 인성 또한 이 시대 중요한 역량으로 여겨야 한다는 걸 알 수 있습니다.

잘나가던 사람도 됨됨이 때문에 발목 잡히는 경우를 봅니다. 인기 많던 연예인이 과거 학교폭력 사건으로 인해 이미지가 추락하는 뉴스가 뜹니다. 돈 많다 자랑하던 사람도 도덕적으로 옳지 않은 모습을 보여 실망을 안기는 경우도 있습니다. 이런 소식을 접할 때마다 바른 생각과 옳은 가치 판단이 얼마나 중요한지 깨닫습니다. 연일 '사람다움'이 결핍되어 발생한 뉴스가 들려옵니다. 일면식도 없는 사람을 해하고 게임에 빠져 어린 자녀를 돌보지 않는 소식을 보고 있자면 사람 사는 곳에 사람 냄새가 사라진 기분이 듭니다. 날 선 무기들만 가득한 세상 같아요. 이런 세상에서 아이들이 자라날 생각을 하면 아찔합니다.

그런 자극적인 사건이 아니더라도, 지나치게 나의 성공과 행복만 찾는 사람들도 있습니다. 물론 성공과 행복, 중요하지요. 그렇지만 함께 살아가는 세상에서 사람다운 성품은 더 필요한 것이지 않을까요. 무조건 내가 우선이어야 하고 절대 손해 보지 않겠다는 마음을 가진 것과, 상황에 따라 가진 것을 내어줄 수도 있는 마음을 가진 것은 다를 테니까요.

하루는 아이가 울면서 들어왔습니다. 왜 그러냐고 물으니 6학년쯤 되어 보이는 누나와 엘리베이터를 같이 탔는데 누나가 "야, 너 내려. 걸어 올라가"라고 했다는 것입니다. 1학년이었던 아이는 영문을 몰랐고요. 열림 버튼을 누른 채로 "야! 너 빨리 내리라니까. 나 혼자 갈 거야. 너 걸어 올라가라고. 내리면 문 닫을 거라고"라고 해서 무서웠다고 말합니다. 직접 장면을 보진 못했지만, 예민한 사춘기 아이의 모습이 그려졌습니다. 그 친구에게 기분 나쁜 일이 있었을 수도 있지요. 질풍노도의 시기라 그랬다고 할 수도 있겠고요. 그렇지만 아쉬운 면이 있는 건 사실입니다. 아무리 힘든 일이 있어도, 짜증이 솟구쳐도, 모든 사람이 처음 보는 사람에게 화풀이하지는 않을 테니까요.

이런 일도 있었습니다. 아파트 단지 내에서 한 아이가 "다 죽어라!" 하고 외치며 뾰족한 우산 끝으로 기어다니는 개미와 지렁이를 찌르고 있었습니다. 표정과 내뱉는 단어들이 거칠어서 가까이 가기 꺼려지긴 했지만, 어린 나이에 잘 모르고 그럴 수 있다 생각했습니다. 며칠 뒤, 그 아이를 다시 만났습니다. 학교에서 과학의 날 행사가 있었나 봐요. 페트병으로 만든 물 로켓을 들고 있었습니다. 바닥에 던지는 순간 저와 눈이 마주쳤는데도 그대로 가더라고요. 아이에게 건네주며 "집에 들고 가야지"라고 했더니 돌아오는 말이 "버린 건데요"였습니다. 네가 열심히 만든 거니 집에 들고 가서 부모님께도 보여주고, 버릴 땐 분리수거 하라고 말해 주었어요. 지금 생각하니 오지랖일 수 있겠다는 생각도 듭니다. 아무튼 아이가 끄덕이더라고요. 그러고는 각자 갈 길을 갔는데 몇 발짝 더 가다가 저를 힐끔 보고는 화단에 버리고 가는 모습을 보고야 말았어요. 이후 놀이터에서 다시 만난 그 친구는 잠자리 날개를 찢어 버리고, 장난감 칼로 친구의 등을 찌르고 있었습니다.

인성이라는 실력을 기르기 위해 어떻게 해야 한다는 주장까지는 못 하겠어요. 막연하고 방법도 잘 모르겠고요. 과목 공부처럼 진도가 있는 것도 아니니까요. 그래도 일상 속에서 따뜻한 마음을 가지는 것만으로도 사람 된 성품을 가지는 데 도움될 거라 확신합니다. 아이들 마음이 따스했으면 해요. 아직은 자기중심적 생각이 강한 시기이니 어려울 수 있겠지요. 하지만 다른 사람의 마음도 헤아려 보는 기회를 가져 보았으면 해요. 내가 하는 행동과 내뱉는 말이 어떤 영향을 일으키게 될지 생각도 해보고요. 이렇게 가정에서, 일상에서 일어나는 일들 속에서 아이들은 인성 역량을 키워 나가게 될 것입니다.

세상은 복잡하고 다양해지고 있습니다. 소통과 협력 없이 나 홀로 무언가를 해내는 일이란 거의 불가능일 거예요. 견제하고 경쟁하는 일만 있는 것이 아니라, 각자 가진 능력을 내어주며 함께 높이 성장하는 기쁨이 있다는 걸 알려주고 싶어요. 애정을 가지고 주변을 바라보는 데서부터, 마음 온도는 조금씩 오를 거라 믿습니다.

아이들이 인간답길 바라요. 다르게 표현하자면 올바른 인성을 가진 사람이길 바라는 마음이에요. 이해가 안 된다며 비난부터 하기보다 사람의 마음으로 왜 그럴까 생각해 보는 태도를 가졌으면 해요. 기계와 인공지능이 완벽히 해내는 속에서도 사람의 가치를 알아보고 선한 영향을 줄 수 있으면 좋겠어요. 새로운 혁명 시대에도 사람은 사람답게 살아가야 할 테니까요.

가족 감사 일기장을 만들었습니다. 마음속으로 생각만 하고 입 밖으로 잘 꺼내기 힘든 감사의 말을 아이들과 함께 써보려고요. 고마웠던 일을 하나씩 적어보았습니다. 놀랍게도 글로 표현하니 당연하다 생각했던 일이 특별한 일이 되는 마법이 일어납니다.

'엄마가 오늘도 "학교 다녀오기 성공"이라고 말해서 좋았다.'

'형아가 나를 피아노학원에 데려다주어서 고마웠다.'

'아빠가 줄넘기를 돌려주어서 감사했다.'

아이들이 감사 일기에 쓴 내용이에요. 선물을 받거나 특별한 이벤트에 대해서만 감사해야 한다고 생각했던 아이들이 일상에서도 감사한 일을 찾을 수 있게 되었습니다. 어제와 별다를 것 없는 평범한 날을 자세히 들여다보게 되고, 작은 이야기에 귀 기울여 봅니다. 조금은 낯간지럽지만 형, 동생 서로에 대한 칭찬도 해보고요.

영화 〈아바타〉에서 '영혼의 나무'는 땅 아래에서 서로 이어져 있습니다. 실제 우리가 사는 세상도 그러한 것 같아요. 각자는 서로 연결되어 있고 뗄 수 없는 관계이지요. 모두 귀중한 존재라는 것을 느꼈으면 좋겠어요. 이번 주말, 아이와 데이트를 해보려구요. 공부하는 것도 훌륭하지만, 나무 그늘에 앉아 아이들과 이런저런 이야기 나누는 것도 멋진 일이라 생각해요. 말로 글로 표현할 수 없는 감수성이 자라나는 순간이니까요.

11

자기주도 : 리드하는 삶

아무리 베어내도 무성히 자라나는 잡초처럼 못난 생각들이 자라났습니다. 늦은 밤, 이런저런 생각을 하다 보면 종착지는 마음 힘든 생각이었습니다. 그렇다 보니 부정적 감정으로 잠자리에 들 수밖에 없었죠. 생각의 주인은 난데 주객이 전도되어 끌려다니고만 있었습니다.

삶의 주인으로서 살아가는 일이 중요하다는 걸 알았습니다. 아이들이 삶을 스스로 경영할 수 있으면 좋겠습니다. 시키는 대로 하는 데만 익숙해지면 그 상태에 머무르게 됩니다. 굳이 에너지를 써서 생각할 필요를 느끼지 못하지요. 학교에서 학생들을 만나다 보면 아이들마다 뻗어나가는 에너지 방향이 다르다는 걸 알 수 있어요. 수업 시간에 토론해서 답을 찾아보자고 하면 꼭 몇 명은 이렇게 말해요. 그냥 선생님이 알려주시면 안 되냐고요. 그나마 그런 말이라도 해주면 고맙고, 아예 남의 일인 것처럼 눈만 끔벅거리는 아이들도 있습니다. 생각하기 귀찮다며, 그냥 설명 듣는 게 편하다며 일방적 강의식 수업을 원합니다. 그런 모습을 마주할 때면 어차피 정해진 대로, 시키는 대로 하는 것에 익숙해진 것 같아 마음이 좋지 않아요.

좋든 싫든 이제 세계는 객관식 문제에 가려진 능력을 보고 싶어 합니다. 너도나도 똑같은 스토리를 원하지 않습니다. 이 아이만이 가지고 있는 번뜩이는 아이디어를 원합니다. 이는 누가 주입해서 가르쳐줄 수 없고, 모방할 수도 없습니다. 오로지 내 안에서 나온 것만이 의미 있기 때문에 능동적으로 생각하는 힘은 더욱 중요해지고 있습니다.

자기주도 학습을 많이 이야기하지요. 자기 주도는 반짝 유행하는 학습법이 아니라 궁극적으로 추구해야 할 방향이라고 생각합니다. 나아가서는 학습만 주도적으로 하는 것이 아닌 내 삶을 설계하고 이끄는 사람이 되어야 하겠고요. 생각을 주도하는 아이는 학습도 주도합니다. 목표를 설정하고 달성하고자 하는 욕구를 스스로 만들었기 때문입니다. 벼락치기로 그런 척할 수 없는 것일수록, 꾸준한 노력이 중요하다 생각해요. 현재만 버티고 말 것이 아니니까요.

자기를 주도하기 위해서는 자율성이 필요합니다. 상황을 내가 조절할 수 있다는 기대가 있을 때 더 적극적으로 해낼 수 있으니까요. 그런데 한때는 아이의 자율성보다 저의 마음이 더 앞섰던 적이 있습니다. 한눈에 쏙 들어오는 스케줄러를 사주기도 하고, 스티커를 붙여보기도 하고요. 아이가 오늘의 할 일을 적어 놓고 해내면 제가 체크 표시를 하곤 했죠. 계획대로 해내는 일이 맘처럼 되지 않으니 제 마음이 급해졌던 거지요. 자기 주도는 멀어져만 갔고 제 입맛에 맞는 아이로 맞춰 키우려 하고 있었습니다.

이건 아니다 싶어 원점으로 돌아왔습니다. 방향과 목표를 다시 떠올려 보았습니다. 궁극적으로 원하는 건 아이가 생각의 주인으로 커나가는 것인데 저는 무엇 때문에 이렇게 열을 올리고 아이 생활에 아이보다 더 열심인가 자문했어요. 그러다 깨달았습니다. 자기주도 학습을 '매일 정해진 양의 문제집을 스스로 푸는 것'으로 생각하고 있더라고요. 심지어 공부의 양과 범위는 엄마의 주도로 정한 것인데, 그걸 아이에게 자기 주도로 하라고 시키고 있는 저를 발견했습니다.

정해준 공부를 시키지 않아도 척척 해내는 것이 생각의 주인으로 살게 해주는 것과는 같은 것이 아니라는 생각에 이르자, 비로소 아이에게 자리를 내줄 수 있게 되었습니다. 아이의 열망과 동기가 전제되어야 했습니다. 그 이후로 스스로 판단하고 결정 내릴 수 있는 기회를 많이 주려 합니다. 과정 속에 본인의 선택이 있으면 훨씬 의미있게 다가올 테니까요. 딸기잼과 포도잼 중 선택하는 것, 영어 신문을 먼저 읽을지 연산 문제집을 먼저 풀지, 친구랑 논 뒤에 숙제를 할지 숙제하고 놀러 나갈지 학습뿐만 아니라 생활에서 더 많은 선택권을 가질 때 조금씩 생각의 주도권을 가질 수 있습니다. 물론 제한 없는 자유를 말하는 것은 결코 아니에요. 아이의 자율은 보장하면서도 큰 틀에서 벗어나지 않도록 범위를 정해주는 역할은 부모의 몫입니다. 상황을 그르치거나 책임질 수 없는 선택을 내버려 둘 수는 없으니까요.

본인이 선택한 것에는 힘이 있습니다. 나아가는 힘과 견뎌내는 힘이요. 활력 있는 하루를 보낼 수 있게 해줍니다. 물론 아이의 생각에 시행착오도 있고 부모 생각과 다를 때도 있지요. 그렇지만 엄마라는 이유로 주도권을 빼앗지 않으려 합니다. 생각했던 대로 흘러가지 않더라도 그것을 발판 삼아 도약할 수 있는 힘을 얻길 바라요. 결정의 책임이 나에게 있다는 생각은 남 탓이 아닌 인정할 수 있는 태도를 만들어 줍니다. 오래 그리고 끈기 있게 해낼 수 있는 힘을 길러줍니다.

스스로 목표를 세우고, 해내고, 결정을 내리는 과정에서 삶을 리드해 나갈 동력을 얻을 수 있습니다. 이 과정은 단순히 성취감으로 끝나지 않아요. 목표에 도전하는 순간부터 달성 후의 성찰까지, 매 순간 새로운 배움과 경험이 쌓이면서 자신만의 기준과 가치관이 확립되는 거지요. 주도적인 과정 속에 실패를 마주하더라도 괜찮아요. 자신에게 진정으로 의미 있는 것을 잡을 수 있고, 평생에 걸쳐 삶을 주도적으로 이끌어가는 근간이 될 테니까요.

제5장

흔들림 속에서도 단단하게 나아간다

언제부턴가 나의 행복을 찾기 시작했어요.
주변의 일들에 치여 나를 버려두지 않는거죠.
누구 엄마가 아닌 있는 그대로의 나로, 멋진 삶을 살고 싶어졌어요.

1

엄마는 다정한 안내자

아이와 함께 배우고 성장합니다. 아이가 자라나는 만큼 저에게도 세상은 새롭게 다가옵니다. 아이를 키우면서 다른 세상이 보이기 시작했습니다. 나의 생각을 아이들에게 강요할 수 있는 걸까? 확신이 서지 않았습니다. 오늘은 저와 아이에게 모두 새로운 날입니다. 과거에 대한 경험이 조금 더 많다는 것이 오늘을 아이보다 더 완벽하게 보낸다는 보장을 해주지 않습니다. 주어진 하루, 제 방식으로 살아내는 것이 더 나으리라 장담할 수 없는데, 마치 정답을 아는 것처럼 잔소리하는 건 모순이라는 생각이 들었습니다. 다만, 조금 더 높이서 멀리 볼 수 있는 어른의 시선으로 방향을 잡아줄 수는 있겠지요. 여기에 이야기를 채워나는 건 아이의 몫일 것입니다.

“어머니, 혹시 빠른 실력 상승을 기대하신다면 저희 학원은 맞지 않으실 겁니다.”

미술학원 첫 상담에서 선생님이 말씀하셨습니다. 무슨 의도인지 몰랐는데 알고 보니 대회 입상과 같은 ‘보이는 결과물’을 원하는 분들이 많아 노파심에 한 말이더라고요. 기다려 주고 함께 고민하고픈 엄마가 되고 싶다는 바람과는 달리 아이의 안내자가 되는 일은 쉽지 않았습니다. 무엇을 어떻게 안내해야 할지 막막했거든요. 잔소리는 삼키고 올바른 방향으로 유도하는 스킬까지 장착해야 했죠. 그런 점에서 자녀를 키우는 일은 예술과도 같다는 생각을 해요. 아이들은 눈치채지 못하겠지만 말 한마디도 섬세하게 다루어야 하니까요.

자유 여행을 선호합니다. 미리 짜인 일정대로 따라다녀야만 하는 여행은 왠지 마음이 불편해서요. 말레이시아에서 반딧불이를 보러 가고 싶었는데 도심에서 벗어나 배를 타고 가야 하더라고요. 가이드가 있으면 좋겠다는 생각이 들었습니다. 고민 끝에 일일 투어를 신청했어요. 하루 꼬박 가이드와 함께했지만 걱정과는 달리 끌려다닌다는 느낌이 들지 않았습니다. 안내자의 노련함이 완벽한 여행으로 만들어 준 것이죠. 동행하지만 떠밀지 않고, 적당한 거리를 두지만 가려는 방향으로 안내해 주셨습니다. 문화적 배경, 자연 특성, 역사 이야기도 때에 맞게 툭 던져주시니 시간 가는 줄 모르고 빠져들었습니다.

가이드의 존재만으로도 든든했습니다. 함께 있으면 적어도 길을 잃지는 않겠다는 안정감을 느꼈습니다. 궁금한 점이 있으면 얼마든지 물어볼 수도 있고요. 아이들에게도 제가 이런 안내자면 얼마나 좋을까 생각합니다. 모든 여정을 붙어 다닐 필요는 없지만 주위에 머무르며 이야기를 툭 던져줄 수 있는 엄마, 빡빡한 스케줄을 따라가는 데 급급하기보다 여유를 가지고 즐길 수 있게 이끌어 주는 엄마가 될 수 있길 바랍니다. 모든 것이 준비된 여행일 수 없지만 그래도 괜찮아요. 아이 여정을 끝까지 완벽하게 책임져야겠다는 건 너무 지치는 마음이잖아요. 나침반이 되어주는 것만으로도 충분할 것입니다.

가끔 퍼즐 맞추기를 하는데요, 같은 퍼즐도 맞춰나가는 순서가 모두 달라요. 저는 네 귀퉁이와 모서리부터 찾는 반면 아이는 눈에 띄는 색깔부터 맞추어 나갑니다. 정해진 규칙이 있는 건 아니지만 곧은 모서리가 있는 조각부터 찾는 저는, 노란색을 중심으로 붙여나가는 아이가 신기했어요. 제 방법이 더 빠를 거라 생각했지만 아이는 머릿속에 그려지는 그림을 따라 집중할 때 오히려 더 빨랐습니다. 제가 할 일은 무엇부터 맞춰나갈지 정해주는 것이 아니라 아이가 할 수 있는 부분부터 시작하도록 이끌어 주는 일이라는 걸 느꼈습니다.

천 개 조각 퍼즐에 도전하던 아이가 한계에 부딪혔습니다. 도저히 못 하겠대요. 마무리만 하면 될 것 같은데 아쉽더라고요. 함께 멀리 떨어져서 보기도 하고, 쉼도 가져보았습니다. 다른 부분 먼저 맞춰 봐도 된다고 제안도 하면서요. 빨리할 필요도 없죠. 내일 해도 되고 일주일 뒤에 해도 문제 될 게 없으니까요. 그렇게 며칠 동안 진전이 없더니 열흘 뒤, 어느새 반 고흐 명화 퍼즐이 멋지게 완성되었습니다.

나무가 얇은 가지를 하나 뻗기 위해서는 많은 에너지와 기다림이 필요합니다. 결코 편안한 상태가 아니지만 기쁜 마음으로 견딜 수 있어요. 건강하게 자라나는 중이니까요. 급한 마음에 잡아당기면 끊어져 버리고 말 거예요. 계절에 맞지 않는 옷을 입겠다고 하고, 결과가 뻔히 보이는데 굳이 해보겠다며 고집부리는 아이의 의지를 강압적으로 꺾지 않겠다고 다짐해 봅니다. 선택과 결과를 받아들이는 과정에서 책임감을 배울 수 있도록 응원해 주는 것만으로도 충분할 거예요.

시간이 걸려도 자기만의 방식대로 생각을 키워가는 아이를 보면서 안내자의 역할에 대해 다시 한 번 생각해 보게 되었습니다. 완벽할 수도, 그럴 필요도 없습니다. 존재만으로도 힘이 되어주고 함께 걸어가는 것으로 충분합니다. 아이의 여정을 완벽히 책임져야만 하는 훈련사가 아니라 길을 잃어도 방향을 찾을 수 있고 담대하게 나갈 수 있는 안내자이면 되는 거지요. 이 여정에서 아이는 더욱 깊고 넓은 사람으로 성장할 것입니다.

2

우리만의 답을 찾는 용기

"아직 시작 안 했어요? 지금쯤 해야 한대요."

엄마를 긴장시키는 말입니다. 확신에 찬 어조와 마땅히 그래야 한다는 의심 없는 말투는 더욱 조급한 마음을 가지게 합니다.

교육에 관심 있는 모든 부모님들이 그렇겠지만, 저 또한 기왕이면 최적의 시기에 최고의 성취를 이루도록 해주고 싶습니다. 그럴수록 더 신중해집니다. 출처를 알 수 없는 말에 현혹되어 따지지도 않고 따라나서는 일은 하지 않으려 합니다. 남들이 하니까, 성공한 사람들이 이렇게 했다고 하니까, 잘 알아보지도 않고 덜컥 저지르지 않겠다고 다짐합니다. 전문가와 정보력 짱짱한 아이 친구 엄마의 말을 귀담아

듣되, 나에게 가져올 때는 반드시 우리 상황에 맞게 필터링하여야 한다는 걸 잊지 말아야 하겠습니다.

결정은 스스로 해야 합니다. 특히 아이의 삶을 좌지우지하는 결정이라면 더욱 책임감 있게 결정해야 하지요. 이런저런 말에 솔깃하고 있다는 건 아직은 나만의 교육관이 세워지지 않았을 가능성이 커요. 그래서 기준을 바깥에 두게 되는 거고요. 나의 가치를 담은 교육관을 갖는 건 필요한 일이기에 충분한 시간을 들여야 합니다. 단단한 뿌리를 내려야 하지요. 힘들고 때론 귀찮고 어려운 일이라 생각되기도 해요. 그러나 남이 하는 대로 따라 가고만 있을 수 없어요. 제대로 내린 뿌리는 건강한 생명을 키워내고 최고의 결실을 맺게 할 것입니다.

아이가 예민한 구석이 있어요. 무언가를 관찰할 땐 참으로 좋은 특성이에요. 미세한 차이점도 곧잘 찾아내곤 해서, 제 눈엔 다 비슷비슷해 보이는 곤충들도 척하면 척 구분해 냅니다. 그런데 이런 특성이 일상생활에서는 문제점으로 나타나기도 해요. 작은 일도 크게 생각하고요, 화재나 지진 같은 걱정에 잠을 이루지 못합니다. 반복되는 걱정에 전문가의 상담을 받기로 했습니다. 상담은 한 시간 남짓 이루어졌습니다. 아이의 행동과 말, 태도를 관찰하시고 저에게 결과를 말해 주셨는데 아이가 우울한 면이 있고 의욕이 없다고 하셨습니다. 생각지도 못한 말이었어요. 선생님과 얘기 나누며 마음이 무거워졌어요. 운전하며 돌아오는 동안 머릿속이 복잡해지더라고요. 아이의 신호를 놓친 게 있나 싶어 과거로, 더 과거로 기억을 뒤져보게 되었습니다. 상담 선생님이 묘사하는 아이는 평소에 제가 알던 아이와 달랐습니다. 일부 공감되기도 했지만 표정이 없고 우울한 아이의 특성을 보인다고 하니 혼란스러웠습니다. 그런 마음이 엄마로서 원치 않는 결과를 부정하고 싶은 마음인 건지, 객관적으로 내가 보는 아이에 대한 확신과 괴리감에 혼란스러운 건지 알 수 없었습니다.

한참이 지나 제가 알고 있는 아이도, 상담 선생님이 느낀 아이도 모두 맞다는 걸 알게 되었습니다. 다만 저는 십 년 세월에 걸쳐 보았고, 선생님은 한정된 순간을 볼 수밖에 없었기에 차이가 있을 수밖에 없었지요. 상담 전날 고열이 났고, 당일에는 학교에서 현장 체험 학습 다녀왔는데 버스에서 내리자마자 한 시간 거리를 비몽사몽 달려왔으니 의욕이 있는 것도 이상했을 것 같습니다.

절대적으로 누구의 시선이 옳다는 건 없습니다. 선생님 판단에 무조건 따르는 것도 조심해야 하고 그렇다고 제가 본 아이의 모습만이 진짜라고 우겨서도 안 되지요. 중심점은 스스로 찾아야 할 거예요. 상담 때 나타난 특성이 극심한 스트레스 상황에서 나타날 수도 있다는 걸 알게 되었습니다. 일상에서 스트레스 조절에 주의를 기울여야겠지요. 다양한 시선에서 바라본 아이에 대한 정보를 받아들이되, 엄마의 시선으로도 더블 체크해 보면 아이를 입체적으로 이해할 수 있습니다.

스노클링하러 갔을 때 형형색색 물고기를 따라가다가 저도 모르게 해변에서 멀어진 적이 있습니다. 더 보고 싶은 마음에 물결 따라 홀린 듯이 흘러갔습니다. 조금만 더 따라가 보자, 저기까지만 가보자 하다가 문득 물결에 휩쓸릴 수도 있다 생각에 아찔하더라고요. 들리는 정보가 많고, 새로운 얘기를 들으면 눈이 번쩍 뜨여요. 홀린 듯 따라가는 마음도 충분히 이해됩니다. 그런데 그러다 자칫 원하지 않는 물결에 휩쓸리면 어떡하지요. 잠시 고개 내밀어 숨을 고를 필요가 있는 것 같아요.

부모의 욕심과 불안함은 판단력을 흐리게 합니다. 건네는 것이 무엇인지 확인도 하지 않고 날름 받아먹지는 않아야겠어요. 아무리 우유가 건강에 좋다고 해도 먹으면 탈이 나는 사람이 있듯이, 나에게 맞는 정보는 스스로 찾아낼 수 있어야 합니다. 우리 아이 교육에 관한 결정만큼은 가정에서 할 수 있는 용기가 필요합니다. 아이의 잠재력을 누구보다 깊이 파악하고 있는 부모는 작은 특성까지 세심하게 배려할 수 있어요. '순간'의 도움들로만 모자이크된 삶이 아닌 주체적인 삶을 꾸려갈 수 있는 힘을 실어줄 수 있습니다.

3

알면 사랑한다

누군가는 애들은 알아서 큰다고 하지만, 그 말 뒤에 숨어 있고 싶지 않습니다. 몸이야 시간 지나며 커 가는 게 보이지만 마음은 그렇지 않아서 세심하게 들여다봐야 합니다. '어릴 땐 무조건 놀아야 돼'라는 말이 고민과 노력 없이 묻어두는 말 같아서 때론 무책임한 말로 느껴지기도 합니다. 그렇다고 해서 아등바등 애쓰고 싶지도 않습니다. 아직 엄마 품이 고픈 아이들이니까요.

어릴 적 할머니 댁은 부산의 한 달동네였어요. 어린 마음에 그저 신기한 동네라고만 생각했어요. 아파트 생활이 익숙한 저로서는 꼬불꼬불 골목길과 이름 없는 구멍가게들, 불규칙하게 늘어선 집들이 묘하게 재밌었거든요. 도심 속에서 아궁이에 불을 피워 물을 데우는 곳이 얼마나 됐을까요. 크고 나서 그 동네의 역사를 듣게 되었어요. 일제 강점기 때 만들어진 묘지 위에 꾸려진 마을이래요. 일본이 급하게 쫓겨나며 공동묘지는 그대로 남게 되었고, 6·25전쟁 때 피난민이 몰리면서 마을이 만들어졌다고 해요. 알고 나니 보였습니다. 제멋대로 만들어진 마을인 것처럼 보이지만 그 속에는 애환이 녹아 있었어요. 허름한 집들에서 삶의 의지가 느껴졌습니다. 주춧돌을 하나씩 쌓으며 보금자리를 만드셨을 할아버지의 마음도 헤아려 보게 되었습니다. 알고 나니 다르게 보여요. 한 마을도 이럴진대, 우주를 품은 아이들 속은 어떨까요? 아이가 품은 이야기를 제대로 알고 싶다는 생각이 듭니다.

경험을 벗어나 생각하기란 참으로 어렵습니다. 저도 모르게 어릴 적 모습을 기준으로 삼는 저를 발견하곤 하는데요, 이렇게 무의식이 강력합니다. 엄마도 어렸을 때 그랬다며 위안하고 응원할 때는 문제될 것이 없지만 틀을 벗어난 상황에서는 난감해집니다.

아이가 들려주는 이야기에 귀 기울여 봅니다. 곁에 있어도 관심을 기울이지 않으면 놓치게 되는 부분이 많더라고요. 속속들이 알면 마음 깊이 공감할 수 있기에 아이의 말에 집중해 봅니다. '엄마의 사심'이 아닌 '객관적 시선'으로 보려는 노력도 해봅니다. 못마땅한 아이의 기질이나 습관을 마주하면 싫은 소리가 입에 맴돌아요. 그럴 때 충동적으로 나가려는 말을 삼키고 곱씹어 생각하면 대부분은 '다름'이더라고요. 억지로 엄마 마음에 드는 틀에 맞추도록 잔소리할 필요가 없다는 거지요. 잘못된 아이가 아닌, 나와 다른 아이니까요.

어른 말 잘 듣는 모범생으로 살아오면서 유일하게 고집을 부렸던 부분이 있습니다. 공부하는 방식을 스스로 결정하는 거였는데요, 어렸을 때부터 그런 생각이 강했던 것 같아요. 어차피 평생 공부해야 할 텐데 혼자 공부하는 힘이 없다면 오래 가지 못할 것이라는 생각을 했어요. 학원도 필요에 따라 보내달라고 했다가, 제 시간을 많이 잡아먹는 것 같으면 그만두고 순수 공부 시간을 우선으로 두었습니다. 다행히 부모님도 저의 선택을 전적으로 믿어 주셨고요. 대입이 끝이 아니라는 생각은 늘 가지고 있었습니다. 그랬기에 길게 가는 공부 습관을 잡을 수 있었던 것 같아요. 덕분에 지금까지도 배움이 즐겁습니다. 더 나은 가치를 찾기 위해 노력하게 되고요.

직업이 나를 대변해 줄 수 없는 세상입니다. 언제든지 누구라도 내 자리를 대체할 수 있고 심지어는 훨씬 똑똑하고 빠른 인공지능이 제 일을 해낼 수도 있는 지금, 우린 어떻게 살아가야 할까요? 아이들은요? 의사도 다 같은 의사가 아니고 교사도 그러합니다. 진료를 누가 보아도 상관없고 과목 공부를 누가 가르쳐주나 똑같다면 경쟁력 없는 의사, 교사가 되겠죠. 그러나 특별한 말 한마디, 관심을 가지고 맞춤형 가이드를 줄 수 있다면 이는 세상에서 유일무이한 의사, 교사가 될 수 있습니다. 이런 역량은 아이들이 가지고 있는 잠재력을 알아봐

주고 뭉개 없애지 않고 키워주는 것에서부터 시작됩니다. 지식 학습에만 파묻혀 가능성을 펼칠 기회가 눌리는 일은 없어야 할 것입니다.

'알면 사랑한다.'

최재천 교수가 하시는 말씀입니다. 한 강연에서 전갈과 흡혈박쥐 이야기를 들려주셨어요. 두 동물을 눈앞에서 마주친다면 다가갈 수 있을까요? 아마 전 뒷걸음질 칠 거예요. 독침이 있는 전갈과 피를 먹는 박쥐라니요. 그런데 그 무시무시한 어미 전갈이 새끼 대여섯 마리를 등에 업고 애지중지 키운답니다. 모습을 보고 있자면 모성애가 느껴져 쫓아내기는커녕 먹이를 주게 된다고 해요. 흡혈박쥐라 하면 드라큘라가 생각나는데 실제로는 그렇게 잔인한 방법으로 피를 빨아먹지 않는대요. 살짝 긁어낸 상처에서 나온 피를 먹는데 놀랍게도 굶은 동료에게 자신의 몫을 게워 내 나눠 먹는다고 합니다. 알고 나니 사랑스런 흡혈박쥐의 모습입니다.

우주의 신비, 존재의 이유와 같은 묵직한 주제로 이야기를 나누다가도 산타 할아버지에게 소원을 비는, 아직은 엄마 손 잡고 걷는 게 좋은 열 살 아이입니다. 남들은 모르는 아이 모습이지요. 누구보다 잘 아니 사랑할 수밖에요. 힘들고 막막한 순간이 와도 아이에게는 씩씩하게 일어날 수 있는 힘이 있다는 걸 알아요. 떨리는 순간을 '할 수 있다' 생각으로 이겨내리라는 것도요. 남몰래 함께 부둥켜 울었던 날들이 있었기에 알 수 있는 엄마와 아이만의 소중한 비밀인 셈입니다.

오늘도 아이는 품은 보석을 갈고 닦습니다. 당장 쓸데없는 행동처럼 보일지라도 진심인 걸 알기에, 성장하고 있다는 걸 알기에, 함께 즐겨봅니다. 누가 뭐래도 아이의 빛나는 부분을 엄마인 저는 알고 있으니까요.

4

잘 키울 자신감

'초등학교 2학년인데 집에 오자마자 나가 놀 생각뿐이에요. 이래도 될까요?'

'수학머리 보통인 초 저학년 아이 공부 봐줄 때마다 한숨인데 인서울 할 수 있을까요?'

'저희 애만 레벨 업이 안 돼서 스트레스에요. 매일 책 다섯 권씩 읽는데 뭐가 문제일까요?'

아이 교육 걱정은 끝이 없지요. 종류도 다양하고요. 대부분은 학습 고민일 테지만 친구 문제나 마음건강 문제도 꽤 많아요. 남이 보면 별로 심각해 보이지 않지만 내게 닥친 일이 되면 달라집니다. 이보다 무거운 고민은 없어요. '이러다, 혹시?' 하는 생각이 이어지면 열에 아홉은 부정적인 생각으로 끝이 나서 덜컥 두려워지기도 합니다. 경험치 많은 엄마들의 말과 육아 고수의 댓글에 마음을 토닥여 보기도 합니다. 마음이 차분해지면 한결 나아요. 그래서 고민은 나누고 털어놔야 하나 봐요. 그런데 걱정은 끝이 없어요. 속이 끓습니다. 다른 집은 모두 평온해 보이는데 괜히 말해봐야 좋을 게 없어 보여 안으로 쑥 삼켜버릴 때도 있습니다. '우리 아이 어쩌나?'라는 생각은 부모의 자신감을 쪼그라들게 만들어요. 마음은 조급해지고요.

아이를 잘 키울 자신감은 자존감 높은 아이로 만들어 줄 수 있습니다. 부모의 자신감은 아이에 대한 믿음으로, 그 믿음은 아이의 자존감으로 이어져서 여유 있고 편안한 말투와 행동으로 나타나거든요. 그렇다면 잘 키울 자신감을 어떻게 가질 수 있을까요? 불안을 없애는 것부터 시작할 수 있을 거라 생각합니다.

문제는 주변에 불안을 일으키는 요소들이 너무나도 많다는 거예요. '한글 못 뗀 4살'이라는 광고 문구를 본 적이 있어요. 네 살이면 한글 못 떼는 것이 정상 아닌가 싶은 생각이 들었어요. '못' 한 게 아니라 아직 '안' 했을 뿐인데요. 심지어 만 나이로 생각하더라도 문제 될 것 없고요. 때가 되면 읽고 쓰고 할 텐데 이런 말들이 부모를 불안하게 만드는 것 같아 아쉬운 마음이 들었습니다. '진도를 뗀다'라는 표현도 좋아하지 않아요. 그 말에 가려진 허점이 많거든요. 내실보다 눈에 보이는 목차에 치중하기 쉽죠. 학교 수업시간에 고등학교 수학 문제 푼다며 으쓱대던 학생도 중학교 수학 개념조차 모르는 경우가 허다하고, 서로 자랑하며 내세우지만 정작 묵묵히 제 갈 길 가는 아이가 더 탁월한 성과를 내는 경우도 많고요. 문제집 한 권을 똑같이 풀었더라도, 즉 다 떼었어도 그게 본질이 아니라는 걸 알고 나면 불안은 줄어들더라고요. 발달 과정에서 전혀 문제 되지 않는데도 자극적인 말들이 부모의 심리를 불안하게 만드는 것 같아요.

근거를 따져 판단하는 습관을 가지려 해요. 제가 이런저런 말에 휘둘리고 걱정하면 아이는 힘들어지니까요. 아이 입학을 앞두고 서점에 들렀더니 한쪽 벽면에 빼곡하게 들어찬 문제집들을 보고 놀랐습니다. 수학만 해도 연산, 교과, 사고력, 도형, 기본, 심화, 응용 등 종류가 너무 많아요. 아직 뭐가 필요한지조차 잘 모르겠는데 눈앞에 있으니 다 사야 할 것만 같은 압박이 들었습니다.

흔들리지 않게 중심을 잡아야 했습니다. 그러기 위해선 아이를 믿어야 했지요. 급하게 뛰어가다 부딪히고 넘어지는 아이를 보면 걱정이 이만저만이 아니에요. 제 앞가림이나 제대로 할까 싶은 생각도 들고요. 잘해 낼까 의심이 들면 억지로 믿는 척할 수가 없더라고요. 넌 해낼 수 있다고 건네는 말이 진실된 믿음이 아니라면, 말 속에서 불안이 고스란히 전달되고요.

어떤 모양의 아이인지 살펴보고 못난 부분을 없애려 애쓰기보다 멋진 부분을 더 크게 만들어 보기로 했습니다. 해낼 수 있는 것에 집중하는 거지요. 시간관념이 부족하지만 몰두하면 긴 시간 집중하는 아이를 위해 짧은 시간 단위로 쪼개진 스케줄 대신 굵직한 일들로만 하루를 채웠습니다. 그랬더니 시간 체크하느라 정신없었던 날이 계획한 바를 모두 이루는 날로 바뀌었어요. 모난 부분을 갈아서 둥그렇게 만드는 대신 그 부분이 돋보일 수 있게 환경을 만들어 준 것이지요. 성취한 일들이 많아질수록 아이는 스스로 자부심을 가지게 되었습니다. 본인의 잠재력을 믿습니다. 그런 아이의 모습을 보니 저도 절로 믿음이 생겨나요. 아이가 도움 없이 해낼 수 있는 일이 많아지고 있습니다. 설령 실수하거나 잘해 내지 못하더라도 "괜찮아"라는 말이 먼저 나오게 되었어요. 진심으로 괜찮고 해낼 거라는 믿음이 생겼거든요.

'해낼 수 있을까?' 의심 대신 응원하는 마음이면 충분합니다. 돌이켜보면 아이가 해낸 일들이 수도 없이 많더라고요. 자꾸 잊을 뿐이죠. 그동안 해낸 일들은 분명 아이에게 쌓여 있습니다. 아이들은 생각하는 것보다 할 수 있는 것이 많은 능력자입니다.

옛 사진이나 영상을 찾아보는 것도 아이를 믿는 데 도움이 돼요. 해냈던 순간들이 가득하거든요. 엄마에게 달려오다 넘어졌던 아이가 아픔을 참아내고 일어서서 다시 뛰어왔듯, 아이는 충분히 해낼 거란 생각이 듭니다. 식탁 위로 반찬 하나씩 옮기고서는 뿌듯한 웃음을 지어 보였듯, 주어진 짐이 무거울지라도 결국 옮겨낼 아이들입니다. 아이는 결국 해내는 존재였습니다. 해냈기에 성장했고요. 가능성을 꺾지만 않으면 앞에 놓인 계단을 하나씩 올라갑니다. 아이를 믿고, 저의 불안을 잠재우고, 잘 키울 자신감을 가져 봅니다.

무게 중심을 안에 두어 자신감을 키울 수도 있습니다. 요가에서 '나무자세'라는 것이 있는데요, 발바닥을 반대쪽 허벅지 안에 대고 한 발로 버티는 자세입니다. 전 이때 바닥에 닿은 발바닥에서 뿌리가 뻗어나가 저를 단단히 지탱해 주고 있는 상상을 합니다. 그러다 잠시 다른 생각을 하는 순간, 무게 중심이 밖으로 나가버려 몸이 흔들리고 결국 무너지고 맙니다. 중심이 밖에 있으면 불안합니다. 언제 쓰러질지 몰라요. 안정된 마음을 가지려면 중심을 안으로 가져와야겠다는 생각이 들었습니다. 그러기 위해서는 안을 더 무겁게 해야겠더라고요. 무게를 채우는 것은 나의 생각과 이야기가 될 것이고요.

"누구는 이번에 어디 합격했다더라", "그 동네는 이 정도가 기본이래"라는 식의 이야기는 중심을 외부로 가져다 놓는 말입니다. 이야기로만 하루가 채워지면 속은 자꾸 공허해져요. 안은 비워둔 채 밖의 이야기로 화려하게 꾸미기보다는 스스로에게 집중하는 시간을 가지려 노력합니다. 아이 친구가 수준 높은 책을 빌려온 걸 보고 왜 우리 아이는 관심조차 없을까 불안해하지 말고 우리는 우리대로 재밌는 책을 보는 거예요. 바깥 이야기를 무시하는 것이 아니라요, 그는 그대로 두고 기준점은 안에 두는 거지요.

불안을 없애면 자신감이 생깁니다. 가야 할 길이 선명해지고 멀리 내다보는 여유도 생깁니다. 무엇보다 부모와 아이가 믿음으로 이어져요. 건강한 관계로 연결되어요. 자연스럽게 대화가 오가고 마음을 터놓을 수 있죠. 관계가 좋으면 두려울 것이 없습니다. 긍정적이고 생산적인 생각이 샘솟으니까요. 주변을 바꾸지 않았습니다. 저의 불안을 없앴을 뿐이죠. 돈 들여 채워 넣지 않았습니다. 우리 이야기로 중심 잡았을 뿐인데 잘 키울 자신감이 생겨납니다.

5

엄마의 삶도 반짝이길

언제부턴가 제 행복을 찾기 시작했어요. 부모인 제가 행복해지려고요. 주변의 일들에 치여 나를 버려두거나 아이에게 모든 걸 내걸고 희생하지 않으려고요. 누구 엄마가 아닌 있는 그대로의 나로, 멋진 삶을 살고 싶어졌어요.

전 배우고 싶은 것이 많았어요. 철없이 이것저것 다 배우고 싶다는 통에 부모님이 힘드셨을 것 같아요. 하나 시작하면 금세 빠져들었습니다. 뭐든 처음 배우면 재밌잖아요. 잘하고 싶어 더 몰두했어요. 실력이 늘어가는 과정이 재밌었어요. 어릴 때 이것저것 잘하고픈 마음은 어른이 되어서도 사라지지 않았나 봐요. 그런데 그런 저의 성향이 스스로를 힘들게 만들기도 했습니다. 일과 가정을 철저히 분리하는 쿨한 엄마이고 싶었어요. 직장에서는 엄마가 아닌 교사로서 맡은 역할에 우선해야 한다는 생각이었고, 퇴근 후에는 집안일도 육아도 척척 해내고 싶었어요. 그러나 계획처럼 몸이 따라주지 않더라고요. 잘하려 애쓸수록 이상적인 모습과는 멀어져 갔습니다.

직장에서 칭찬받을 때는 나도 꽤 쓸모 있구나 생각이 들었습니다. 그러나 집에서는 그런 생각이 들지 않더라고요. 제때 해내지 못한 일들이 쌓여만 갔고 때론 버겁게 느껴졌습니다. 살림을 살뜰히 챙기지 못해 냉장고 속 야채들이 물러졌고 세탁물은 개지 못한 채 쌓여갔죠. 쉬고 싶어도 일어나야 했고 아파도 힘내야 했습니다. 일과 가정의 완벽한 분리는커녕 양쪽에 끌려다니게 되었습니다. 분명 아이가 있어 행복한데 벗어나고 싶다는 기분이 드는 건 무슨 심보일까요. 내일은 잘해보자는 다짐들은 다음 날이면 훌랑 사라져 버렸습니다.

이대로 영영 떠오를 수 없을 것 같았어요. 쇼핑으로 헛헛함을 달래보기도 하고 주말이면 늘어지게 이불 속에서 뒹굴거려도 봤지만 즐거움은 그때뿐이었습니다. 그랬던 날들이 달라지게 된 건 '나 사용법'을 하나씩 알게 되면서부터입니다. 우울한 기분이 들 때, 자존감이 떨어질 때, 의욕이 떨어질 때 저를 일으켜 세워주는 방법 세 가지를 찾았습니다. 바로 운동과 시간 그리고 배움입니다.

운동은 저를 위한 첫 번째 선물이었어요. 헬스나 근육 키우기 같은 엄청난 운동이 아니어서 민망하지만, 몸을 조금 더 움직이는 수준의 운동만으로 도움이 되더라고요. 타지에서 독박 육아하면서 야근이 일상이 된 남편과 저는 서로 지쳤었습니다. 각자의 자리에서 열심이었지만 서로의 고충을 이해할 마음의 여유는 없었죠.

그러다 일주일에 두 번 요가를 했었는데 그 시간만큼은 아이가 아닌 저에게 집중할 수 있었습니다. 몸은 뻣뻣하고 삐거덕거리지만 행복했어요. 그때의 기억을 떠올려 다시 운동을 위한 시간을 내기 시작했습니다. 걷기, 달리기, 때론 집 안에서 간단한 스트레칭이라도 하고 나면 온몸에 활력이 느껴져요. 아이들과 인라인을 타기도 하고요. 마냥 누워 있고 싶다가도 몸을 일으켜 움직여 봅니다. 신기하게도 뭐든 할 의욕이 솟아오르고, 무엇보다 기분이 좋아져요. 참 단순하지요? 의학과 교육학계에서 간단한 신체 활동이 정신 건강과 인지 활동 및 자기 효능감 향상에 효과가 있다는 연구 결과가 끊임없이 나오는 걸 보면, 운동이 의지와 열정을 높이는 데 도움 되는 건 확실한 것 같아요.

두 번째는 시간입니다. 하루 중 단 몇 분이라도 저를 위한 시간을 가지고 싶었어요. 아침마다 분주했고 퇴근 시간마다 촉박했습니다. 집 나설 때마다 화장실 가고 싶다 하질 않나 유치원 앞에서 목청껏 울질 않나 순조롭게 출근한 날이 손에 꼽을 정도입니다. 그렇게 시작한 하루가 여유 있을 리가 없죠. 퇴근이 늦어질 때면 조급해진 채로 일을 대충 마무리하고 나오기 바빴습니다. 유치원 빈 교실에 홀로 놀고 있는 아이 모습이 아른거려서요.

의지대로 컨트롤할 수 있는 시간이 없었습니다. 언제까지 이렇게 시간에 끌려다녀야 할지 앞이 캄캄하더라고요. 육아를 하면서도 시간을 알차게 쓰는 사람들이 부러웠습니다. 방법을 알고 싶었습니다. 두 가지 방법을 찾았는데요, 하나는 돈을 시간과 맞바꾸는 것이었고 또 다른 하나는 아이들이 잠든 시간을 활용하는 것이었어요. 아침과 오후에 아이들을 챙겨줄 수 있는 분을 모셨습니다. 그만큼 수입은 쪼그라들었지만, 우리 가족에 도우미 이모의 시간이 더해지니 삶의 질이 돈 가치 이상으로 높아졌어요. 출근길에 커피 한 잔 사 먹을 수 있는 여유도 생겼고 아이들도 충분히 자고 일어나 여유 있게 아침밥도 먹게 되었고요. 생각을 달리하면 시간을 가질 수 있는 방법들이 있었습니다. 아이들이 잠든 뒤 혹은 일어나기 전, 오로지 저에게 집중하는 시간을 가졌습니다. 잠들기 전 하루를 마무리하는 짧은 글도 써보고 해가 뜨기 전 필사도 해보았다가 그것마저 여의찮으면 한 줄을 읽는 것만으로도 하루가 정돈되는 기분이 들었어요. 무엇을 하든, 몇 분이 되었든, 나에게 집중하는 시간은 오늘을 주도적으로 살게 해주었습니다.

마지막으로 배움의 기회를 갖는 것입니다. 뭔가를 배운다는 건 새로운 세상을 만나는 일이었어요. 반복되는 일상 속에 생기를 더하는 일이랄까요. 꼭 학문적 배움이 아니더라도 SNS에 글 쓰는 법, 생성 AI 사용법, 부동산 공부 등 실용적 공부는 당장 생활이 조금씩 변하게도 해주었어요. 요즘은 워낙 세분화된 배움이 많으니 무엇이든 찾으면 다 배울 수 있는 세상이잖아요. 관심사에 몰입하는 것만으로도 소소한 행복이 찾아왔습니다. 실용적인 배움도 좋고 자격증 도전도 훌륭하지요. 취미 생활을 갖는 것도 일상을 풍요롭게 만들어 주고요. 무엇이든 각자의 방법으로 행복해질 수 있다는 걸 알게 되었습니다. '나'로서 매일의 기쁨을 누리다 보니 신기하게도 아이들을 들여다볼 여유가 생겨나고 함께 나눌 이야기도 많아졌습니다.

아이들에게 향하는 말이 조금씩 부드러워졌어요. 아들 둘인데 전혀 그렇게 안 보인다며 어쩜 그렇게 평온하냐는 말을 듣곤 합니다. 화나는 순간이 왜 없겠어요. 그렇지만 이건 확실해요. 마음에 여유가 생기니 아이들을 대하는 태도에도 부드러움이 묻어나오게 된다는 것이요. 엄마가 행복하다면 아이도 행복하다는 말의 뜻을 알 것 같습니다. 아이들은 부모가 운전하는 차를 타고 있습니다. 난폭운전을 하는 차에 타고 있으면 불안하지요. 온몸이 긴장 상태여서 아무것도 할 수가 없고 온갖 부정적인 상상을 하게 되고요. 목적지까지 빨리 가는 데만 급급하지 않고 오순도순 얘기도 나누며 안전 운행하는 운전사가 되어 보기로 합니다.

6

함께 배우고 함께 자란다

가족은 유기적인 시스템입니다. 한 울타리 안에서 따스한 날엔 함께 빛을 쬐고 비 오는 날엔 비를 맞으며 자라나요. 깊이 연결되어 있어서 서로의 에너지는 전체로 전달되지요. 부모가 성장하는 모습은 가정에 성장 에너지를 전달합니다. 아이들도 그 환경 속에서 함께 자라나는 선순환을 하게 됩니다.

정원사가 된 마음으로 집을 둘러봅니다. 가족들이 생활하기에 좋은 환경인지 살펴봐요. 볕은 알맞게 들고 수분은 충분한지, 혹시나 척박하고 메마르진 않았는지요. 다정한 말이 오가고 건강한 음식과 편안한 휴식을 제공할 수 있는 그런 공간을 만들고 싶어요. 환경을 가꾸는 일은 몸보다 마음을 써야 하는 일이더라고요. 따스한 말을 하고 싶어도 꽁한 마음이면 좀처럼 입이 떨어지지 않고, 부지런히 깔끔한 집을 꾸미고 싶어도 우울한 생각이 가득하면 아무 소용 없었습니다. 긍정적인 가족 분위기를 만들려면 서로 힘이 나는 에너지를 주고받아야 한다는데, 제가 변화하지 않으면 모든 것이 제자리였습니다. 아이들에게 알맞은 보금자리를 만들어 주고 싶습니다. 사시사철 보호받는 온실이 아니라 때맞춰 비도 내리고 바람도 불며 단단하게 자라날 수 있는 환경을요. 품고 있는 성장 가능성을 맘껏 키워낼 수 있는 에너지를 전달하고 싶어요. 아이들을 잘 키워보겠다는 의지가 저를 변화시키고 있습니다. 마음 그릇을 넓혀 가며 좀 더 큰 어른이 되어가고 있나 봐요.

그릇 만들기를 하러 간 적 있습니다. 납작한 은빛 주석 판을 두드려 가운데가 오목한 볼을 만드는 거였는데 만만한 작업이 아니더라고요. 손바닥만 한 판을 한참 두드렸습니다. 그런데 나무망치로 열심히 두드려도 찍힌 자국만 생길 뿐 아무 변화가 없었어요. 속으로 '이거 되는 거 맞아?' 하는 생각도 들더라고요. 왼손으로 판을 빙글빙글 돌려가며 오른손으로는 탕탕 내려치길 여러 번. 처음에는 요령이 없었는데, 하다 보니 정교하게 다듬는 법을 알게 되었습니다. 수십, 수백 번 돌려가며 고루 두드리고 나서야 겨우 옴폭하게 되었어요. 울퉁불퉁 찍혔던 흔적은 점차 부드러워지고 유려한 곡선을 나타내기 시작했지요. 마음 그릇을 키우는 일은 아마도 이 과정과 닮았을 거예요.

미루는 습관을 깨는 것부터 성장의 첫걸음이 시작되었습니다. 하지 않으면 아무 일도 일어나지 않는다는 마음으로 고민할 시간에 해버리자 마음먹었습니다. 해버리고 나면 아무것도 아닌 것을, 마음만 먹으면 금세 해버릴 수 있는 일을 왜 미뤘나 싶더라고요. 그런 생각은 하루에도 많은 걸 해낼 수 있게 해주었고 성취감은 저를 나아가게 만들었습니다. 그럼에도 혼자서 꾸준히 하기 힘든 일이 있잖아요. 그럴 때는 다른 사람들과 도전하는 환경에 무작정 저를 던졌습니다. 서로 응원해 주는 존재가 있다는 것만으로도 의지를 다잡게 되더라고요.

일상의 사소한 변화들로부터 시작되었습니다. 아이들도 자연스레 엄마, 아빠가 하는 일에 관심을 가지고 이것저것 질문도 많이 하더라고요. 이렇게 서로 생각 나누고 응원하며 성장 에너지를 주고받습니다.

"커서 어떤 사람이 되고 싶어?"

"어떤 삶을 살길 원해?"

아이들에게 자주 묻는 말이지만 부모 스스로에게도 꼭 필요한 질문인 것 같아요. 지금 행동 하나를 바꾸게 하고 또렷한 목표를 세우게 하니까요. 아이들에게 책 읽는 모습도 자주 보여 주려 합니다. 읽기 싫은 날도 있었지만 어느새 아이들과 함께일 때만큼은 핸드폰을 멀리 두고 책을 집어 드는 게 우선이 되었습니다. 이 년 전, 아침마다 아이들과 긍정 확언 말하기를 시작했는데 이제는 제가 깜빡하면 아이들이 먼저 외칩니다. 누워 있고 싶은 몸 일으켜 밖으로 함께 나가는 건 아이들을 위해서였지만 결국은 저에게 더 큰 세상을 보는 기회가 되었습니다. 우리를 성장하게 만든 변화들입니다.

'부모도 함께 성장한다'는 생각의 힘은 꽤나 강력해서 아이 실수도 너그럽게 격려해 줄 수 있어요. 또 '부모로서 이렇게 해야 해'라는 고정관념도 벗어버릴 수 있고요. 함께 세상을 배우며 아이들과 균형을 맞추어 나가봅니다. 시간이 흘러도 아이와 얘기하고 고민 나누는 사이가 되고 싶기에 과거에 머무르지 않고 발맞춰 나가는 엄마가 되려고 노력합니다.

아이를 잘 길러내고자 애쓰는 일은 '더 나은 사람이 되겠다'는 마음가짐에 관한 일이라 생각합니다. 쉬운 길만 찾아 가면 당장 몸은 편할지 몰라도 그만큼 얻지 못하는 것도 많을 거예요. 쉽진 않지만 마땅히 그래야 한다면, 한 걸음씩 나아가 보려고요. 엄마, 아빠와 함께 배우고 도전했던 기억은 아이 마음에 남아 긍정적인 모습으로 나타날 것입니다.

7

넓은 세상으로 날아오를 우리

"애들은 타고나길 자라는 존재야."

언젠가 친구가 툭 던진 말이 잊히지 않습니다. 듣자마자 '그래, 맞아' 싶더라고요. 속도 차이는 있을지언정 멈춰 있지 않죠. 몸도 마음도 생각도 꾸준히 자라납니다. 발걸음 닿는 곳마다 보고 듣고 느낀 모든 것은 아이에게 고스란히 양분이 되어주고요. 경험하며 성장합니다. 그렇기에 속도보다는 방향이 더 중요하지 않을까 하는 생각이 들었습니다.

빈 종이에 아이의 모습을 끼적여 봅니다. 남을 배려하는 마음이 깊다, 인사를 잘한다, 선생님 말씀에 집중을 한다, 친구에게 웃음을 준다, 아프지 않고 건강하다… 하나씩 쓰다 보니 어느새 한 가득입니다. 이렇게 예쁜 모습을 찾다 보니 아이는 이미 잘 커나갈 준비가 되어 있다는 생각이 드네요.

아이의 인생 첫 단추를 끼우는 순간, '빨리'보단 '올바른지', '무엇을'보단 '어떻게' 할 것인지 생각해 봅니다. 그림을 그릴 때도 대략적인 스케치를 먼저 그려보고 공부를 시작할 때도 목차를 살펴보듯, 꿈꾸는 인생을 크게 그려봅니다. 초등학생일 때는 작은 공부보다 큰 공부를 하는 시간을 많이 주고 싶어요. 큰 공부라 함은 나는 누구인지, 어떤 인생을 살고 싶은지, 사회에 어떤 공헌을 하는 사람이 되고 싶은지 충분히 생각해 보는 거예요. 척하면 척하고 알 수 있는 것이 아니기에 더 긴 시간 고민하고 알아가야 하지요. 나에 대해 객관적으로, 세세하게 알아차릴수록 앞으로 무엇을 하든 어떤 것을 하든지 방향 잃지 않고 잘 해내리라 믿거든요.

가끔은 두려워요. 섣부른 판단으로 잘못된 길로 들어가는 건 아닐지, 출구 없는 길에서 헤매진 않을지 하면서요. 그래서 더 조심스럽고 많이 알고 싶은가 봐요. 부지런히 읽고 배우며 다양한 사람들의 의견도 들어 봅니다. 알면 알수록 복잡한 세상이긴 하지만 그래도 이 속에서 나는, 우리는, 어떻게 살아가야 할지 생각할 수 있어요. 당장 눈앞의 결승선보다 더 중요한 가치를 발견할 수 있지요.

아이의 뾰족한 부분을 열심히 깎아 동그랗게 만들려고 했어요. 깎으려는 엄마와 도망가는 아이였죠. 그런데 가만 살펴보니 이 아이는 연필 같단 생각이 들어요. 뾰족해야 더 매력적이죠. 그걸 뭉툭하게 만들려 했으니 하마터면 아이가 가진 매력을 없애버릴 뻔했지 뭐예요. 물론 연필심 끝에 찔리면 아파요. 그럴 땐 연필 뚜껑을 씌워주면 돼요. 가차 없이 깎아 버리지 말고요.

아이를 키우다 보니 현미경과 망원경, 둘 다 쓸모 있더라고요. 현미경을 들여다보고 있으면 렌즈로 보이는 동그란 세상이 마치 우주 전체인 것처럼 느껴져요. 기껏해야 동전 크기만 한 구멍으로 들여다본 세상이지만 그 속에도 생태계가 있어요. 마치 우리의 삶을 보는 것 같아요. 가까이서 자세하고 정확하게 보면서 맞춤 지원을 해줄 수 있습니다. 그런데 계속 안을 보고 있자면 여기가 어딘지 혼란스러워져요. 테두리 밖은 어떤 일이 펼쳐지고 있는지 궁금해요. 그럴 땐 망원경을 꺼내 들어요. 치열하게 살고 있던 현실이 잠시 뒤로 물러나고 또 다른 세상이 펼쳐지죠. 이 넓은 세상에서 어떤 존재가 될 것인가에 대한 답을 찾아봅니다.

보이는 세계가 전부가 아니라는 사실에 겸손해져요. 멀리 보면 볼수록 남이 아닌 나에게 집중하게 되고요. 작은 일에 일희일비하지 않고 나의 이야기를 쌓아가는 데 집중할 수 있어요. 그렇게 토대를 차근차근 닦아나가는 일이 결국 경쟁력을 키우는 일일 테죠. 적재적소에 현미경과 망원경을 바꿔 보는 일은요, 아이 개별 특성에 맞춰 이끌어 주면서도 방향을 잃지 않게 해주는 무기가 되어줄 거라 믿어요.

미래를 구체적으로 그릴 순 없겠지만 지금과는 다른 방식으로 펼쳐질 것만은 확실합니다. 지금 중요한 능력이 더 이상 주목받지 못하기도 하고 생각지도 못했던 역량이 가장 가치 있는 것으로 대접받기도 하겠지요. 이왕이면 미래 사회에 필요한 역량을 가진 사람이 되면 좋겠습니다. 과거 우리가 살아왔던 시대에 최고라 생각했던 것들의 강박에서 벗어나 시대 흐름에 맞추어 흘러가고 싶습니다. 아이가 헤엄쳐 살아갈 세상에 첨벙 뛰어들어 함께 발 담그고 여행을 떠나 봅니다. 아이만 살아가는 세상이 아닌 저도 함께 살아갈 세상이니까요.

무당벌레는 진딧물을 잡아 식물을 보호해 줘요. 식물은 무당벌레에게 양분을 제공하고요. 그렇듯 부모와 아이는 서로를 풍요롭게 해요. 일방적인 관계가 아니라 서로에게 성장할 힘을 주지요. 긍정 피드백으로 행복이 마법처럼 불어나는 느낌이에요. 공동체 안에서 각자 역할을 해내는 동시에 함께 커갈 수 있는 관계를 맺어요. 조화롭게 어울려 번영할 수 있어요.

아이의 잠재력을 알아차리고, 믿고, 지지해 주는 엄마가 될 수 있길 희망합니다. 완벽할 수는 없겠지만 최선을 다해보려 합니다. 아이가 훗날 주변에 선한 영향력을 미칠 수 있는 어른으로 성장하길 바랍니다. 쉽지 않겠지요. 막연하고 시간이 오래 걸리는 일이기도 하고요. 그렇지만 지금 이 순간, 미래 비전과 삶의 의미에 집중해 보려 합니다.

자신이 누구인지 모른 채 버티는 삶을 사는 사람이 되길 바라지 않습니다. 그렇기에 섣불리 정해진 틀에 아이를 끼워 넣기가 망설여집니다. 혹여 저의 잘못된 판단으로 아이를 엉뚱한 틀에 가두는 꼴이 될까 봐 충분히 탐색해 보는 시간을 가지고 싶습니다. 적어도 초등 시절만큼은 넓은 세상을 둘러보며 날아오를 수 있는 곳을 찾아보았으면 합니다. 우물 안 개구리 이야기가 아닌 세상을 무대로 가능성을 그리는 이야기를 나누면 좋겠습니다. 그래서 조금만 더 열려 있으려고요. AI 시대를 현명하게 맞이할 능력을 고민하면서요. 앞으로는 새로운 유형의 문제들이 더 많이 쏟아질 거예요. 누구도 겪어보지 않았기에 정답이 없고, 이해관계로 얽힌 복잡한 문제들을 풀어 나가야만 할 거예요. 그렇다면 지금 저는 자녀 교육에 대해 어떤 태도를 가져야 할까요?

아이는 무한한 가능성을 지닌 존재입니다. 이 대전제를 잊지 말아야겠습니다. 흔들리지 않는 엄마가 되어 '나의 삶'을 잘 살아갈 수 있도록, 아이와 함께 한 걸음씩 나아가 봅니다. 시대에 맞게 나를 경영할 수 있는 사람이 되어 '우리의 삶'을 더 나아지는 방향으로 이끌 수 있는 사람이 되길 꿈꿔 봅니다. 급히 나비가 되려 하지 말고 희망 품은 시기를 온전히 즐겨보려고요. 때가 되면 반드시 날아오를 것이니까요. 세계를 무대로 훨훨 날아다닐 테니까요.

마치는 글

한 명의 아이를 길러내는 일은 참으로 숭고한 일입니다. 그 일을 묵묵히 해냈고, 또 해내고 있는 부모님들에게 존경의 박수를 보냅니다.

내세울 것 없는 제가 이런 글을 써도 될지 끊임없이 자격을 물었습니다. 그러나 용기를 내었습니다. 단 한 사람에게라도 닿길 바라면서요. 함께 아이 잘 키워보자, 손 내밀고 싶었습니다. 이런저런 정보들로 가득한 혼돈 속에서 괴로운 부모님에게 작게나마 도움을 드리고 싶었습니다. 나이도, 성별도, 성향도 모두 다른 아이들을 키우지만 저마다의 방식대로 잘 키우려 애쓰는 부모들이 있다고, 화려한 말들에 현혹되지 않고 뚝심 있게 나아가고자 노력하는 엄마들도 있다는 얘기를 하고 싶었습니다.

조금 무거운 말일지도 모르겠지만, 입시와 각종 전략 이야기가 불안을 부추기는 분위기 속에서 교육에 대한 본질적인 물음을 함께 나눠보고 싶기도 했습니다. 대입은 수단이지 삶의 최종 목적이 아님에도 어린 시절을 모두 쏟아붓게 만드는, 그러한 분위기에 휩쓸려 가는 모습도 돌아보고 싶었습니다. 무엇보다 세상의 흐름을 모른 채 떠밀려 가기 싫었습니다. 진짜 현실을 보고 느끼고 각자의 속도와 방향을 찾아가 보면 좋겠다고 생각했어요. 결론은 각자 다를 수도 있습니다. 어떤 생각을 하고 마음을 먹었든 이왕이면 아이가 어릴 때 이런 고민을 깊이 해보는 것만으로도 앞으로 큰 도움이 되리라 생각합니다.

부모도 창의성이 필요한 시대입니다. 모두를 위한 로드맵은 없으니 우리 길은 부모와 아이가 직접 만들어 나가야 합니다. 지름길도 없어요. 요행을 바라고 급하게 채워 넣는 교육은 반드시 무너지기에 부모로서 공부를 계속해 나갈 수밖에 없습니다. 결코 쉽지 않아요. 희망과 좌절의 연속입니다. 그렇지만 오늘도 작은 돌을 하나씩 쌓으며 흔들리지 않는 마음을 다져간다면 다가올 미래는 불안하지 않고 건강한 모습으로 우리를 반겨 줄 거라 믿습니다.

아이들의 성장을 느낄 수 있어 감사합니다. 바쁘게만 쫓기다 보지 못할 모습들을 알아차릴 수 있어 행복합니다. 아이가 툭 내뱉는 말 한마디에서 반짝임을 느끼고 불쑥 튀어나온 질문 속에서 자라나는 생각을 확인할 수 있어요. 연결고리가 생겨나고 또 다른 관심으로 이어지는 걸 봅니다.

아이에 대한 적절한 관심은 때에 맞게 배움을 확장시켜 나가도록 해주어요. 흥미를 다양하게 연결시켜 볼 수도 있고요. 관심사를 이어서 나만의 융합적인 창의적 결과물이 나오기도 합니다. 그러다 호기심에 불이 붙는 날엔 깊게 파고들어 아이와 함께 푹 빠져보기도 해요. 주거니 받거니 이야기하고 아이디어가 연결되어 뭔가를 만들어 낼 수 있는 시간을 보낼 수 있는 건, 아이를 기르면서 얻는 황홀한 선물입니다. 이렇게 부모님의 진심 어린 관심이 아이들의 경험으로 연결됩니다. 형용할 수 없는 기쁨과 성취를 느끼게 해주지요. 이 시절, 부모와 함께 한 시간은 아이의 모든 것에 스며들어 평생 힘이 될 든든한 자산이 되어가고 있습니다. 어렵고 힘들게 느껴지기도 하는 자녀 교육이지만 분명 이 시간들은 미래를 밝게 비출 빛이라는 걸 기억하고 싶어요.

부모의 눈은 아이들이 세상을 보는 창입니다. 부모가 멈춰 있고 변하지 않으면 아이들은 과거의 눈으로 미래를 맞이하게 되겠지요. 당장은 문제 되지 않아요. 하지만 아이들이 자신의 눈으로 세상을 바라보기 시작할 때가 되면 어떡하지요? 아이들을 더 넓은 세계와 만나게 해주고 싶습니다. 그러나 저의 시선에는 한계가 있어요. 제가 겪어온 세상이 저에게는 전부니까요. 아이 덕분에 저도 자라나는 중입니다. 머물러 있지 않고 흐름의 속도에 발맞춰 걷게 해줍니다. 아이와 함께 알아가는 세상이 재미있습니다. 함께 미래를 꿈꾸고 이야기할 수 있어서 즐겁습니다.

여전히 아이들에 대한 걱정과 고민이 있습니다. 그러나 더 이상 조급하지 않아요. 아이들에 대한 믿음이 있기 때문에요. 저도 엄마로서 최선을 다하고 더 나은 방향으로 가고자 노력하고 있기에, 설령 넘어지더라도 일어나서 갈 수 있습니다. 꽃길만 펼쳐지지는 않을 거예요. 그렇지만 뿌리를 내리는 일에 정성을 다하고 시간을 들인 만큼, 흔들리지 않는 엄마가 될 수 있을 것입니다. 이뤄내고자 하는 교육관이 뚜렷하다면 도전과 어려움에 굳건해질 수 있습니다. 깊은 뿌리는 큰 잠재력을 품고 있기에 무궁무진한 가능성을 펼쳐내지요. 안정감 있는 모습은 아이들 마음이 쉴 수 있는 공간을 내어주고, 적절한 환경은 영롱한 결실을 맺게 해줍니다.

끊임없이 잘 키워보고자 노력하는 엄마 아빠의 진심은 결국 아이에게 가 닿을 거예요. 한 땀 한 땀 함께 만들어 가는 아이의 성장에 부모의 사랑이 담길 테니까요. 이것이야말로 최고의 교육이 아닐까요. 우리 아이가 펼쳐낼 세상에 하나뿐인 이야기는 무엇인가요? 오늘도 아이들과 함께 울창한 숲을 만들어 가는 풍요로운 삶을 살아내실 멋진 부모님들을 응원합니다. 흔들리지만 잘 키우고 싶습니다.

흔들리지만 잘 키우고 싶습니다

초판 1쇄 펴낸날 2025년 3월 30일 | **지은이** 정민경
펴낸곳 굿인포메이션 | **출판등록** 1999년 9월 1일 제1-2411호
펴낸이 정혜옥 | **편집** 연유나, 이은정 | **영업** 최문섭
주소 04779 서울시 성동구 뚝섬로 1나길 5(헤이그라운드) 7층
전화 02-929-8153 | **팩스** 02-929-8164 | **이메일** goodinfobooks@naver.com

ISBN 97911-91995-15-2 03300